AF332047

HISTOIRES

AMÉRICAINES

Abbeville, imprimerie de P. Briez

HISTOIRES

AMÉRICAINES

PAR

EDOUARD AUGER

———

PARIS

P. BRUNET, LIBRAIRE-ÉDITEUR

RUE BONAPARTE, 31

—

1866

A MONSIEUR JULES LOMBARD

Consul général de France, à Calcutta

Mon Cher Ami,

En écrivant votre nom en tête de ce livre, j'ai voulu vous offrir un gage de ma vieille et sincère affection. Veuillez donc faire bon accueil à ce souvenir du cœur qui va vous chercher par delà les mers, et donnez-moi en retour une petite place dans votre pensée, lorsqu'elle vous transportera dans votre patrie.

A bientôt, vous dirais-je volontiers, mais vous êtes comme l'homme d'Horace, *tenax propositi*, et Dieu sait quand on aura le bonheur de vous revoir.

Recevez en attendant mon embrassade la plus cordiale.

Edouard Auger.

Paris, le 8 Mars 1866.

LES BANDITS AU PÉROU

I

LE RELAMPAGO

Chargé de représenter une maison de commerce de Lima, auprès de ses correspondants, dans diverses localités du littoral Péruvien, j'avais pris passage à bord du *Relampago* (l'éclair), brick de cent soixante tonneaux, armé, ou pour mieux dire orné de deux caronades en miniature dont la destination, toute pacifique, se bornait à saluer le pavillon national, chaque fois que l'on entrait dans un port. Bien que frété pour Guayaquil, le *Relampago* devait faire escale aux principaux points où j'étais obligé moi-même de m'arrêter, et m'offrait en perspective un voyage d'exploration aussi intéressant que varié.

Notre brick, passablement gréé pour un navire péruvien, et filant de six à sept nœuds, grand largue, et par une bonne brise, rangeait la côte pendant le jour et se maintenait prudemment au large pendant la nuit. Le capitaine, bien entendu, ne faisait usage ni du sextant, ni du chronomètre, et calculait sa route d'après certains gisements qui lui étaient familiers. C'était à part son ignorance de la théorie navale, un garçon d'humeur joviale et débonnaire, ne maugréant jamais contre son équipage, et s'en rapportant pour la manœuvre à un matelot français, ancien déserteur d'un navire de guerre, qui cumulait les fonctions de lieutenant et de maître voilier, à la satisfaction de tout le monde. Ce maître Jean portait le nom de Marguery. Le capitaine s'appelait Don Pascual.

Pour le voyageur en quête de sites pittoresques, le nom seul d'Amérique méridionale semble être une garantie de toutes les merveilles de la création. Il ne rêve plus que forêts vierges, habitées par cette élite de bêtes fauves qui font l'ornement de nos musées, vertes savanes, fleuves majestueux ; il lui faut même des Indiens et des Indiennes, très-peu vêtus, mais couronnés de plumes d'oiseaux, et pratiquant l'hospitalité à la manière des Natchès, ces Arcadiens du Mississipi, découverts par Châteaubriant. C'est à ce célèbre écrivain qui daigna un jour se produire à l'admiration des Yankees, cravaté de blanc, et en habit noir, sans toutefois se

compromettre au milieu des forêts vierges et des
Indiens insoumis, dont il parle un peu en poète, ou
pour mieux dire, en fantaisiste, et à M. de Marmontel, un voyageur en chambre, auquel le simple
voisinage de la mer donnait des nausées, que nous
devons ces descriptions emphatiques ou absurdes
qui jurent avec la réalité. Les rivages du Pérou, par
exemple, dont ce dernier a fait, dans ses *Incas,* une
peinture si séduisante, sont, au contraire, de la plus
affreuse stérilité ; on n'y découvre ni verdure, ni cours
d'eau, et, à partir du quatrième, jusqu'au douzième
degré de longitude sud. ce ne sont plus que plages
sablonneuses, alternées de falaises arides, véritable
emblème du néant.

Trois jours après notre départ du Callao, nous si-
gnalions le port de Huanchaco ; ce nom de port
donné à une rade ouverte, frangée d'une côte à pic
contre laquelle déferlent avec fracas les lames venant du large, ne doit pas être pris au pied de
la lettre, et signifie simplement une station sous
voiles pour les navires qui ont à s'aboucher avec les
habitants de la contrée. Au premier aspect, le village de Huanchaco, vu de la mer, vous représente
un assortiment de cages à poules qu'on aurait ex-
posées le long de la berge. Sur le second plan, à
une lieue et demie de la côte, dans une infractuosité
des premiers contreforts de la Cordillère, apparaît

la ville de Truxillo, capitale de la province, dont les monuments, les maisons et le mur d'enceinte, d'un ton grisâtre, se confondent avec la couleur générale du sol.

Bien que nous fussions à plus d'un mille de la côte, le *Relampago* déjà rudement secoué par la houle, était obligé de mettre en travers, en annonçant sa présence par une double salve de ses petits canons. Un moment après le canot suspendu à l'arrière, et contenant le lieutenant, trois rameurs et moi, fut affalé sous la poupe et lancé à la mer. Nos hommes firent aussitôt force de rames pour se rapprocher de la côte, mais telle était la violence de la houle, que notre canot balloté comme une coquille de noix et n'obéissant pas plus aux rames qu'au gouvernail nous cachait alternativement le navire que nous venions de quitter et la côte que nous nous efforcions d'atteindre. Enfin une *balsa* détachée de la berge vint à notre secours.

Le radeau qui porte ce nom est une plateforme en planches de sapin, encastrée entre deux outres en peau de phoque, que sa légéreté rend insubmersible, et qui est généralement employé sur les côtes du Chili et du Pérou.

Au moment d'être accostés par la balsa, maître Marguery, plus pressé que les autres, ou voulant peut-être nous donner une preuve de son agilité, prit son élan comme un pingouin à la vue d'un crabe, et s'engouffra dans le creux d'une lame ; on l'eut presqu'aussitôt repêché : je n'ai jamais vu d'homme plus exaspéré d'une maladresse. Quelques minutes après nous abordions une espèce de môle contre lequel se brise le ressac, et flanqué d'un escalier en bois dont les dernières marches baignent dans la mer. Nous attendîmes l'embellie, c'est-à-dire une vague du large qui soulevât notre radeau, et, saisissant la rampe au vol, en trois bonds nous eûmes franchi le sommet de la berge.

Huanchaco, bourgade indienne, de l'aspect le plus misérable, est un assemblage de toitures en chaume soutenues par des pieux informes, dont les cloisons à claire-voie permettent aux passants de voir tout ce qui se passe dans l'intérieur. Là-dessous vivent des familles entières d'Indiens abrutis, de la plus insigne malpropreté, et dont la pêche est l'unique ressource. Cette race étiolée sans intelligence et sans vigueur est-elle donc tout ce qui reste aujourd'hui de la nation civilisée qui peuplait les rivages du Pérou, lorsque Pizarre y planta la croix, et faut-il en croire Gomara et Garci-Lasso de la Vega, ces historiens de la conquête, qui nous dépeignent les Indiens du Pérou comme un type accompli de civilisation et de beauté humaine ?

Figurez-vous donc la princesse Cora, cette Vestale

du soleil, dont les charmes ont épuisé les couleurs
un peu prosaïques de la Palette de Marmontel, avec
un visage sphérique et sans reliefs, comme la lune
dans son plein, un teint bronze florentin, et de
larges oreilles s'écartant de la tête à la façon des
anses d'un vase étrusque, et croyez en ledit roman-
cier, lorsqu'il vous raconte les amours de cette ma-
ritorne et du jeune et bel Alonzo, chevalier cas-
tillan de mœurs austères, quoique très-fort sur la
guitare, et non moins remarquable par une fraise
empesée, des manchettes en dentelle, et un pour-
point en velours à crevés de satin ! un paradoxe
aussi saugrenu a-t-il pu se produire dans le cerveau
de l'auteur des contes *moraux?*

Après une courte visite à l'hôtel de la douane,
maisonnette en pisé, juchée en vedette derrière les
cages à poules, nous nous dirigeâmes vers Truxillo,
à travers une arène poudreuse parsemée de ruines
et d'excavations revêtues en *adobes* (briques de terre
durcies au soleil). Les premières sont les restes
d'une grande cité fondée par les Incas et détruite
par un tremblement de terre plus d'un siècle avant
l'invasion des Espagnols ; les autres, d'anciennes
tombes profanées par ces avides conquérants pour y
chercher les matières d'or et d'argent qu'il était d'u-
sage d'enfouir avec les morts. Un seul individu,
prétend Garcilasso, en recueillit pour environ cinq

millions de notre monnaie, mais ce compte me paraît au moins exagéré. Les Indiens de cette province, ajoute plus loin le même chroniqueur, furent forcés de porter une main sacrilége sur les sépultures vénérées de leurs ancêtres, et durent voir sans frémir secouer leurs ossements poudreux, pour en faire tomber les matières précieuses qu'ils recélaient. Mais en récompense de tant d'abaissement, ils furent dégrévés à perpétuité de l'impôt onéreux qui pesait sur le reste de leur peuple.

Truxillo est une ville de douze à quinze mille âmes de population, assez irrégulièrement construite, mais possédant comme toutes les grandes cités fondées par les Espagnols sa *calle mercader* (rue du commerce) une place principale ornée d'une fontaine monumentale, des couvents de femmes, et une alhaméda, promenade publique plantée d'arbres, au bord d'une rivière, où il y a quelquefois de l'eau.

Fondée en 1535 par Pizarre qui lui donna le nom de sa ville natale, Truxillo est une des cités les plus agréables du Pérou ; son climat tempéré par le voisinage des Cordillères est plus salubre que celui de Lima où les mois de février et de mars ramènent tous les ans des fièvres ataxiques et bilieuses. C'est à la proximité de ces montagnes dont les pics sont couverts de neiges éternelles, que le beau sexe de la

1.

localité doit encore le rare privilége de réunir à la blancheur mate des créoles du sud les teintes rosées qui sont l'apanage des contrées du Nord.

Truxillo est la ville du Pérou qui offre le plus d'analogie avec les villes du Midi de l'Espagne ; on s'y croirait en plein royaume de Grenade ou de Murcie. Ce sont les mêmes mœurs, les mêmes usages, la même léthargie pendant les chaudes heures de la journée, la même animation lorsqu'elle se réveille au premier souffle de la brise du soir. La galanterie, la musique, la danse, les courses de taureaux, les combats de coqs y sont l'objet d'un culte passionné, je dirai presque intolérant.

Le soir de mon arrivée, lorsque je rentrai avec mon correspondant d'une courte promenade à l'alhameda, nous fûmes assaillis de tous côtés par un abominable charivari de guitares fêlées et de pianos avec ou sans queue, aux prises avec les plus suaves compositions de Strauss ; notez que ce dernier instrument a conquis au Pérou les mêmes priviléges que dans nos rez-de-chaussée parisiens. Une autre excuse à ce brouhaha, c'est que la fête de l'Assomption tombait le lendemain et que dans aucune partie du monde on ne célèbre ces grandes solennités avec plus de zèle qu'au Pérou.

Le lendemain je fus réveillé dès le point du jour par les bruits de la rue ; on s'occupait de joncher le sol de ramées transportées à dos de mulets de plusieurs lieues de distance, de préparer des reposoirs constellés de miroirs de toutes dimensions ; petits et grands mettaient la main à l'œuvre, et c'était merveille de voir toute cette population en proie à cette ferveur religieuse que des rafraîchissements alcooliques élevaient à une puissance incommensurable.

Vers deux heures de l'après-midi, nous eûmes le spectacle d'une longue procession, le clergé en tête, avec les statues de grandeur presque naturelle du Christ, de la Vierge et de saints portés sur des civières ornées de rubans et de paillettes, et précédées de joueurs de violon et de clarinettes, écorchant avec enthousiasme des contredanses, des polkas et des airs de chansons indigènes dont les paroles sont passablement graveleuses.

Le soir, il y eut foule à l'alhaméda ; de jeunes cavaliers drapés dans des *ponchos* aux longues franges caracolaient à travers les groupes de promeneurs, et faisaient assaut de prouesses d'équitation. Parmi les dames, quelques-unes des plus jeunes se faisaient remarquer par ce costume traditionnel qui met si bien en relief la fine cambrure et les pieds d'enfant des Péruviennes, je veux parler de la *saya* et du *manto :* l'une est une robe froncée, à petits plis, ou pour mieux dire, un étroit fourreau de soie serrant la taille, et collant au corps de manière à en dessiner les formes ; l'autre est un voile noir dont elles s'enveloppent le buste et la tête, en y ménageant une petite ouverture qui ne laisse apercevoir qu'un œil. Ce spectacle animé, sous un ciel d'une admirable pureté, au milieu d'une tiède atmosphère qui enivre les sens, me transportait en imagination à ces temps romanesques de cape et d'épée de la vieille Espagne, où les galants cavaliers s'élançaient sous la corne du taureau pour ramasser une fleur tombée du corsage de leur maîtresse.

Ce ne fut pas sans regrets que, le surlendemain, je fis mes adieux à Truxillo pour regagner mon étroite cabine à bord du *Relampago*. Le peu d'heures qui se sont écoulées pour moi dans cette charmante cité, enchâssée comme un diamant au milieu des sables du désert, m'ont laissé un ineffaçable souvenir. La vie n'y a aucun rapport avec celle de notre froide Europe, si chagrine au milieu de sa civilisation. Tout y est jouissance pure et insoucieuse des bienfaits de la création, et l'approche de la mort même, y ressemble au déclin d'un beau jour.

Le Relampago, quarante-huit heures après, faisait une nouvelle station sous voiles à l'embouchure de la rivière de *Sechura*, où par hasard il se trouvait un peu d'eau, particularité fort rare au Pérou. Cette rivière, lorsqu'elle est haute, est fréquentée

par une grande quantité de caïmans qui disparais-
sent tout à coup lorsqu'elle tend à baisser. Voici
comment les gens du pays expliquent cette émigration : dans la plaine où coule cette rivière sont répandues des montagnes sablonneuses qui changent
fréquemment de place, à· l'exception d'une seule,
beaucoup plus considérable que les autres, dont les
cryptes surplombent des lacs aux eaux limpides
que le soleil ne tarit jamais. C'est dans ces lacs que
les caïmans vont chercher un refuge lorsque la rivière est à sec ; le sommet de la montagne est couronné d'un plateau toujours vert dont le diable a pris
possession, car à minuit on y entend le chant du
coq, et des gens dignes de foi, assurent y avoir reconnu à cette heure privilégiée du sabbat, l'esprit
du mal en culottes courtes, avec des bas cramoisis
et des jarretières couleur de feu. Aussi a-t-elle reçu
le nom de *cerro encantado*, la montagne enchantée.

Le *pueblo* (bourg) renferme une population d'environ trois mille âmes, en grande partie indienne,
on y fabrique des chapeaux de paille de très-belle
qualité, et qui menacent de détrôner un jour ceux
de Guayaquil et de Monte-Christi, dont les plus fins
se vendaient sur place, il y a peu d'années encore,
de quatre à cinq cents francs. On persiste à leur
donner le nom de chapeaux de Panama où il ne s'en
est jamais fabriqué un seul.

On trouverait difficilement dans tout le Pérou une localité plus riche en centenaires que Sechura. On m'en montra deux échantillons que j'ai eu l'occasion de revoir plus tard, l'un appelé Taddeo Paz, âgé de cent neuf ans, était un *aficionado*, autrement dit un amateur passionné de courses de taureaux et de combats de coqs ; j'ai fait un jour, à cheval avec lui, un parcours de huit lieues en moins de quatre heures. Privé de toutes ses dents, il se nourrissait exclusivement de bananes cuites à l'eau. L'autre, connu sous la dénomination de *Cacique*, parcequ'il descendait, disait-on, de la race des Incas, n'avait pas moins de cent vingt ans, mais il était retombé en enfance, et passait son temps à rôder d'une maison à l'autre, où on le bourrait de friandises et de vin de Pisco. Plus tard, j'ai retrouvé son arrière-petit-fils, employé en qualité *d'escribano* chez l'agent consulaire de France à Païta.

A Séchura je me séparai de mon brick qui devait me reprendre à Païta, à son retour de Guayaquil, et je louai deux chevaux et un guide pour me rendre à Piura. Quel désolant parcours d'une ville à l'autre ! Je mis une journée entière à traverser un désert *(desplobado)* jonché de cadavres de mules crevées en route, sous un soleil capable de fondre une cervelle de nègre sous son crâne épais. Pas un arbuste, pas un brin d'herbe n'égayaient la monotonie de cette plaine jaunâtre où le moindre souffle de vent soulevait des nuages de poussière. De loin en loin des buttes incrustées de coquillages et de pétrifications anté-diluviennes miroitaient de manière à rendre un lynx aveugle. En revanche, on y eût vainement cherché une auberge, le moindre toit hospitalier où le voyageur, mourant de fatigue et de soif, pût trouver un abri momentané et un verre d'eau, aussi lorsque ma bête, aussi harrassée que je l'étais moi-même, s'arrêta devant la principale posada de Piura, il me fallut l'aide du mozo pour me faire quitter les étriers et mettre pied à terre.

Piura passe pour être la première ville fondée par les Espagnols au Pérou, mais rien n'y rappelle cette grande tradition. Ce n'est qu'à une demi-lieue de là qu'on rencontre des ruines envahies par les sables mouvants qui pourraient bien être celles de la cité fondée par Pizarre. La population du Piura moderne qui est de douze à quatorze mille âmes, se compose en grande partie de généraux et de colonels en disponibilité ; on dirait la pépinière où le gouvernement Péruvien, de tous les gouvernements connus le mieux approvisionné en officiers supérieurs, parvient à recruter le contingent de son état-major qui se compose, comme chacun sait, de huit grands maréchaux, quatre-vingt seize généraux de division ou de brigade, et d'un nombre incalculable de colonels Il n'en faut pas moins, à ce qu'il paraît, pour commander une armée dont l'effectif ne dépasse pas cinq mille hommes. Le propriétaire de ma posada était lui-même un ancien officier de cavalerie qui se vantait d'avoir décidé la fameuse, l'immortelle, la non pareille victoire d'*Ayacucho*, comme on se plaît à la désigner au Pérou, en enfonçant le gros de l'armée espagnole avec son escadron composé de sept hommes ; aussi se plaignait-il amèrement d'en être réduit, sur ses vieux jours, à récurer les casseroles, des mêmes mains qui avaient si glorieusement brandi un sabre pour l'affranchissement de son pays.

Il y avait, au moment de mon arrivée, recrudescence de *pronunciamentos* dans la ville. Un pronunciamento, on le sait, est un appel à la révolution, ou plutôt à un changement de dictateur. Des généraux mécontents du président nouvellement élu, qui les avait mis en disponibilité, et *sans solde,* pour les remplacer, suivant l'usage, par ses propres créatures, proposaient de lever des troupes pour marcher sur la capitale et y installer un gouvernement honnête, c'est-à-dire qui leur rendît leurs traitements. A cet égard les opinions se montraient unanimes ; le choix d'un candidat faisait seul question, et cette dissidence fit avorter au début une révolution qui se présentait déjà avec des conditions de vitalité fort respectables.

Lever une armée est la moindre des choses dans les anciennes colonies espagnoles où la discipline militaire est chose tout à fait inconnue, et où le soldat d'aujourd'hui se fait demain de sa propre autorité général, porteur d'eau, ou même voleur de grandes routes, selon l'occurence, sans que personne y trouve à redire. Ce qui constitue le soldat, c'est un fusil de munition, plus ou moins rouillé, avec une giberne, et un bonnet de police pyramidal orné d'une cocarde. L'uniforme lui est antipathique et les souliers le gênent pour marcher, aussi est-il toujours pieds nus.

Qu'on s'étonne, après cela, de voir la guerre civile en permanence dans un pays où tout le monde a la prétention d'être au moins colonel, si ce n'est même président de la république.

Des incidents grotesques égayent fréquemment les péripéties de ce drame politique qui se déroule depuis plus de quarante ans sans faire prévoir une conclusion. Je me contenterai d'en citer un des plus caractéristique : deux compétiteurs à la présidence marchaient l'un contre l'autre, chacun traînant à sa suite un certain nombre de soldats improvisés, commandés par un nombre à peu près égal d'officiers, et bien résolus, comme ils l'avaient annoncé dans leurs proclamations, à ne faire ni accepter de quartier ; lorsqu'après une longue série de marches et de contre-marches une rencontre eut lieu. Aussitôt un feu terrible de mousqueterie s'engage des deux côtés, hors de portée, bien entendu, la fumée de la poudre ternit l'azur du ciel, mais pas la moindre goutte de sang n'abreuve le champ de bataille. Après cet échange mutuel de projectiles inoffensifs, les deux rivaux, saisis tout à coup d'une terreur panique, prennent la fuite, chacun de son côté, ne s'arrêtant qu'après avoir mis une distance respectable entre leurs corps d'armée. Cette bataille meurtrière porte un nom que j'ai oublié, mais n'en figure pas moins dans les annales glorieuses du Pérou.

Un autre épisode non moins burlesque de ces guerres civiles s'est présenté, il y a trois ou quatre ans à peine. Je le rappelle, bien qu'il ait égayé, à cette époque, la plupart des journaux européens. Une armée (c'est encore au Pérou que la scène se passe) accablée de lassitude et de soif, après avoir longtemps poursuivi un ennemi introuvable, venait de déposer ses armes pour se désaltérer dans le courant d'une rivière ; c'est là précisément où l'attendait, comme le loup de la fable, l'ennemi qui avait prévu cette pépie générale. Les buveurs furent tous faits prisonniers sans coup férir, et il n'y eut personne de tué. Quelle leçon pour nos généraux !

I I

J'étais parvenu à terminer mes affaires à Piura,
malgré l'effervescence qui continuait à régner parmi les grosses épaulettes. Après un long ballotage,
l'unanimité des voix avait fini par se réunir sur le
général X., comme le seul digne de remplacer pour
le bonheur du pays le général Y. tout nouvellement élu, et il avait été décidé qu'on emploierait
pour démolir ce dernier les moyens mêmes qui
l'avaient fait triompher. J'avais assisté quelques
semaines auparavant à cette élection qui s'était
accomplie fort tranquillement, bien que la ville de
Lima se trouvât envahie ce jour-là, on ne disait pas
trop pourquoi, ni comment, par des bandes de
salteadores, (voleurs de grandes routes) et des repris

de justice en rupture de ban. Tous ces individus étaient armés de tromblons, de pistolets, et de ces longs couteaux appelés *navajas* que dissimulaient fort mal les *Sarapés* déguenillés dans lesquels ils se drapaient avec une majesté antique, comme des citoyens romains se rendant aux comices.

Quel était le candidat à la présidence qui en retour de leurs votes et de l'intimidation qu'ils devaient produire sur les dissidents, leur avait octroyé cet exéquatur provisoire, c'est ce que je n'oserais insinuer, bien que son nom ait été hautement prononcé. Le fait est que ces relaps de la société se promenaient avec toutes les apparences d'une parfaite quiétude sous les galeries des *portalés,* et que j'ai eu pour ma part l'insigne privilège d'être coudoyé par des coquins bien authentiques qu'il m'eut été désagréable de rencontrer, même en plein jour, à deux pas de la ville; je n'en aurais pas été quitte, comme Gil-Blas, pour quelques maravédis jetés dans le chapeau de son mendiant à escopette.

Si l'Espagne a eu la malencontreuse idée de proscrire ses bandits, au grand désespoir de quelques amateurs de couleur locale qui se sont plaints devant nous de n'avoir pas été arrêtés une seule fois pendant leurs pérégrinations par de là les Pyrénées, un pareil reproche, hâtons-nous de le dire, ne saurait atteindre les anciennes colonies de ce gouvernement déchu, car on y trouve, intactes encore aujourd'hui, ces traditions si pittoresques de la mère patrie. Le bandit n'y est pas trop méprisé, que dis-je, il y jouit même d'une certaine considération, et si à d'audacieuses extorsions il a su joindre une mise en scène dramatique, il devient après son exécution, car il faut toujours en arriver là, un héros légendaire, le Nord et l'Etoile des chevaliers détrousseurs qui se sont voués à sa noble profession ; ce qui prouve surabondamment qu'en fait de goûts et de couleurs il ne faut pas discuter.

Une justice à rendre à ces industriels, c'est qu'ils mettent généralement des formes polies, et au besoin une certaine urbanité dans l'accomplissement de leur mandat. Un de ces Français aventuriers que l'on rencontre dans toutes les parties du monde, et dont l'imperturbable aplomb se révèle surtout dans les situations difficiles, m'a raconté comme quoi il avait été arrêté plusieurs fois. Là première, c'était en se rendant à cheval du Callao à Lima. Il commençait à faire nuit : à mi-chemin, il est rejoint par une troupe de cavaliers qui suivaient la même route que lui.

— *Quien Viva ?* lui crie-t-on.

— *Amigo :*

— *Sus armas ;*

— *A qui son :*

— Et en même temps il tire une bouteille d'eau-de-vie d'une sacoche.

— A la bonne heure, dit le chef de la bande, en portant la bouteille à sa bouche, tu es un brave garçon.. à ta santé.... et ton argent.

— Voilà.

— Tu n'as que cela ?... Allons, cela n'en vaut pas la peine ; continue ta route, et prends cette bouteille pleine pour remplacer la tienne.... Mais j'y pense, il te faut une escorte, car, plus loin, tu trouveras des gens qui ne plaisantent pas.

— Je vous remercie de votre offre, mais je n'ai pas peur ; adieu donc, et bonne chance.

— Soit : à la garde de Dien, et bon voyage.

Le compatriote partit en avant et atteignit bientôt cette magnifique avenue de pleupliers et de saules-pleureurs qui forment comme une succession d'arcs de triomphe à la ville des rois. Tout-à-coup, du premier arbre se détache un tromblon à gueule évasée tenu en joue par un nègre athlétique qui lui crie d'une voix terrible :

— *Sus armas !*

— *Aqui son :* et le voyageur exhibe sa bouteille.

— Bon : tu n'as donc rencontré personne là-bas ?

— Si parbleu, et l'on m'a donné cette bouteille pleine en échange de la mienne qui a été vidée.

— A la bonne heure ; connais-tu du monde à Lima ?

— Certainement, je suis habitant de la ville.

— Hé bien, tu vas m'offrir à souper, car mes boyaux crient la faim.

— Comment donc ! avec infiniment de plaisir.

— Et là-dessus le compatriote et le voleur se mettent en route, devisant de choses et d'autres. A l'entrée du faubourg, le nègre s'enveloppe dans son sarape pour cacher l'arsenal dont il est muni, et ils se dirigent côte à côte vers une posada, au coin de la *pileta desanto domingo,* où le Français qui était connu, se fit servir un excellent souper auquel le vin ne faisait pas défaut. A la fin de ce repas qui se prolongea jusqu'à une heure avancée de la nuit, grâce à de nombreuses libations qui avaient fini par transformer une connaissance ébauchée en délirante sympathie, les deux amis se séparèrent avec une larme dans l'œil, et en se jurant une affection à toute épreuve.

— Ce pauvre garçon n'a pas eu la moindre chance, ajouta le narrateur en terminant son récit. J'ai eu la douleur, peu de mois après cette première rencontre qui a été suivie de quelques autres, de le voir fusiller devant le palais de l'inquisition ;

les maladroits coquins chargés de l'exécution n'avaient fait que le blesser dans leur première décharge, et ils ont dû recommencer, mais il est mort en brave, en fumant son dernier cigare, et avec quelques paroles de mépris bien senties, à l'adresse des soldats qui ne savent pas leur métier.

Une lieue et demie sépare le Callao de Lima ; avant l'inauguration du chemin de fer qui relie aujourd'hui le port à la capitale, le trajet entre ces deux villes se faisait au moyen d'omnibus assez semblables aux nôtres et partant toutes les heures.

Fort souvent ces omnibus ont été arrêtés en plein jour par une bande de voleurs, pendant que des cavaliers et des piétons se croisaient sur la même route, se gardant bien de s'arrêter, et même de retourner la tête. Halte ! criait-on au cocher qui, tenu en joue par une douzaine de tromblons, s'empressait d'obéir. Le chef ou le caissier de la bande se présentait alors à la portière du véhicule, et priait poliment les voyageurs de vouloir bien lui faire l'honneur de descendre. Une fois descendus, le même individu les faisait mettre en rang et les priait courtoisement de vider toutes leurs poches, sans rien omettre ; un oubli de leur part pouvant avoir de graves conséquences. Puis cette collecte terminée, le percepteur improvisé invitait gracieusement les contribuables à reprendre leurs places dans l'omnibus, et leur souhaitait un bon voyage.

Les voyageurs qui essayaient de se défendre étaient impitoyablement massacrés. Ceux qui avaient eu la malencontreuse idée de se munir d'armes, recevaient cette correction humiliante qu'on inflige aux petits enfants qui n'ont pas été sages. En somme, avec de la bonne volonté, on s'en tirait assez bien, sauf les cas de vengeance particulière. En 183... les officiers d'une frégate française mouillée dans le port de Callao qui avaient loué un omnibus pour se rendre à un bal officiel donné par notre consul général, furent arrêtés à la *Chicheria* par une troupe nombreuse de bandits armés jusqu'aux dents ; la résistance eut été un acte de folie, il fallut donc se laisser dépouiller, et ces messieurs arrivèrent à Lima en petit négligé, c'est-à-dire en pantalon et en chemise.

A l'époque de mon séjour au Pérou, un chef de bande célèbre occupait à lui seul l'attention générale. On ne le désignait que sous le nom de *el Muchacho* (l'Enfant). C'était en effet un tout jeune homme, issu, au dire de la chronique, d'une des meilleures familles du pays. Ruiné dès son entrée dans le monde par le jeu et la débauche, il avait embrassé, en haine de la pauvreté, la profession si libérale de salteador, et s'était fait remarquer dès son noviciat par un caractère déterminé et une ima-

gination féconde en expédiens, aussi fut-il à l'u-
namité proclamé chef de la bande, lorsque celui qui
la commandait avant lui eut subi le sort commun.

Admirablement proportionné, bien que de petite
taille, le Muchacho se distinguait de ses compagnons,
tout fiers de leurs guenilles, par une mise excentrique
et riche à la fois qui eut pu servir de modèle à Chol-
let dans Fra Diavolo; aussi était-il beau à voir lorsqu'il apparaissait tout à coup au milieu d'une route
fréquentée, monté sur un cheval ardent qu'il maî-
trisait avec la grâce d'un écuyer consommé, le buste
enveloppé dans un poncho à bandes cramoisies et
à crépines d'or, le chef couvert d'un léger sombrero
de la plus fine tresse de Monte-Christi, avec des
bottes molles en cuir de Russie armées de lourds
éperons en argent massif, aux mollettes larges
comme des soucoupes. Peu de personnes connais-
saient son visage, car il portait habituellement un
loup en satin noir, orné d'une légère dentelle. L'An-
dalousie, au temps de sa splendeur, n'avait jamais
possédé un aussi ravissant échantillon des *caballe-
ros de mala encuentra* auxquels elle devait alors sa
renommée, et plus d'une jeune limenienne, aux
passions ardentes, sentait battre son cœur au récit
des exploits de ce héros à la fois si jeune et si redouté.

Une seule tache avait pu ternir l'éclat de cette

renommée sans égale, c'était un meurtre de femme qui n'avait ni l'amour ni la jalousie pour excuse. Le Muchacho, suivi de sa troupe, avait entrepris une nuit le siége d'une maison située dans un faubourg de Lima, et dont le maître était absent. Sa jeune femme, n'ayant que quelques domestiques auprès d'elle, essaya d'empêcher les voleurs de pénétrer dans sa chambre à coucher, en accumulant des meubles contre la porte qui y donnait entrée, mais cet obstacle fut bientôt renversé, et toute la bande s'y précipita, brisant le sécrétaire, les armoires, et faisant main basse sur l'argent et les objets précieux qui s'y trouvaient. Pendant ce temps la jeune femme éperdue et craignant autant pour son honneur que pour sa vie, se jeta aux pieds de celui qu'il était facile de reconnaître comme le chef des bandits, en le suppliant de l'épargner. Touché de cette immense douleur, de ces larmes répandues par de beaux yeux, le *Muchacho* allait peut-être lui faire grâce, mais dans le mouvement qu'il fit pour la relever, son masque se détacha, et laissa à découvert son visage. — Pitié ! pitié ! Don Juan, s'écria la malheureuse femme qui l'avait reconnu ; mais le saltéador, craignant une dénonciation, lui plongea son couteau dans le cœur.

A cette exploitation des routes aux abords des grandes villes, le *Muchacho* ajoutait, prétendait-on, la piratarie sur mer, aussi le voyait-on disparaître tout à coup pendant des mois entiers, et l'on ne parlait plus alors que de bâtiments de commerce dévalisés par cet insatiable dévastateur.

Pour cette classe d'individus en guerre ouverte avec la société, les époques de troubles politiques fournissent toujours un excellent prétexte aux excès dont ils ont l'habitude. Aussi le bruit courait-il à Piura que le *Muchacho* et quelques autres chefs de bandes tenaient en ce moment la campagne, levant des contributions sur amis et ennemis. Cette nouvelle m'inquiétait peu, je dois le dire, car ma bourse était légère d'argent, et bien que mes goussets fussent garnis d'une paire de pistolets, appelés coups de poings, j'étais tout disposé à faire l'abandon le plus gracieux de ces joujoux et de ma fortune à la première réquisition appuyée d'un simple tromblon, avec la conviction que ma bonne volonté, sans aucune arrière pensée, me vaudrait les égards et même les sympathies de messieurs les voleurs.

Au moment où je me disposais à enfourcher ma mule de *alquiler*, (de louage), mon maître d'hôtel, le héros d'Ayacucho, me demanda s'il me conviendrait d'avoir pour compagnon de voyage un français dont le cerveau était quelque peu dérangé, et qui n'osait pas voyager seul, par appréhension des voleurs ; et sur ma réponse affirmative, il me présenta un pauvre diable qui s'annonça comme parisien, et dont le teint blême et terreux portait encore les traces d'une récente maladie. Je m'empressai de l'accueillir comme on accueille un compatriote à quelque milliers de lieues de la France, et les compliments ordinaires échangés, nous nous mîmes en route, précédés par mon guide.

Ce que m'avait dit le maître d'hôtel au sujet de mon compagnon de voyage piquait ma curiosité, et après avoir cheminé pendant quelque temps côte à côte, en causant de choses diverses, je lui demandai s'il ne serait pas d'avis de presser un peu le pas de nos montures, afin d'arriver avant la nuit à Païta, la route n'étant pas très-sûre ; cette dernière phrase, lâchée avec intention, eut le résultat que j'en attendais.

— Pas sûre! vous croyez qu'elle n'est pas sûre, répéta-t-il d'une voix émue, tandis qu'une pâleur livide s'étendait sur son visage.

— On me l'a dit, mais je n'en crois rien, et puis les voleurs, si toutefois il en existe, en s'adressant à moi seraient les premiers volés, car ma fortune se borne à quelques piastres que je suis prêt à leur abandonner à la première sommation. Votre bourse serait-elle, par hasard, mieux fournie que la mienne ?

— Hélas, non, me répondit-il, les gens dont vous parlez y ont mis bon ordre.

— Vous avez donc été rançonné par eux !

— Mieux que cela, Monsieur, j'ai été, par dessus le marché, roué de coups.

— Vraiment ! vous avez donc essayé de défendre vos poches, car ces artistes en plein vent procèdent ordinairement avec plus de courtoisie.

— Pas du tout, s'ils m'ont battu, c'est parce que j'avais acheté un cheval trop bon marché.

— Le prétexte peut être bon en soi, bien que je ne comprenne pas le rapport qui peut exister entre un cheval acheté plus ou moins cher, et le mauvais traitement exercé sur votre personne, qui en a été la conséquence.

— Rien de plus clair, pourtant, et vous allez en être convaincu. Sachez d'abord que depuis près d'un an, je suis établi à Païta et que j'y ai fait d'excellentes affaires, jusqu'au jour où l'idée malencontreuse me vint d'acheter un cheval. Des offres me furent faites de tous côtés, lorsque j'eus manifesté cette intention, mais je ne parvins à m'entendre avec aucun des vendeurs, il y avait toujours une différence de cent pour cent entre leur estimation et la mienne. Enfin l'on m'annonça un jour la mise en vente d'un cheval dont le propriétaire était détenu en prison pour une somme de soixante piastres.

Sans m'informer de ce qu'était le propriétaire, et
ce fut une faute, je me rendis à un hangard assez
éloigné où le cheval était remisé; c'était une bête
noire à belle encolure, aux jambes nerveuses, à l'œil
plein de feu. Après l'avoir examinée et mise à
l'épreuve, car je suis connaisseur, je retirai soixante
piastres de ma poche, et je les offris à l'individu
chargé de la vente; c'était un jeune homme de vingt
deux à vingt-quatre ans, de la physionomie la plus
débonnaire.

— Plaisantez-vous? me répondit-il avec emporte-
ment. Vous m'offrez soixante piastres d'une bête qui
en vaut plus de quatre cents!

— C'est à prendre ou à laisser, répliquai-je, chacun fait ses affaires comme il l'entend, et je n'en
donnerai pas un réal au-delà de ce prix.

— Le jeune homme eut l'air de réfléchir un moment, et finit par me dire :

— Voyons, faites-moi une offre sérieuse, et
nous nous entendrons tout de suite, car je suis
pressé.

— Ah! tu es pressé, pensai-je, j'ai été bien sot de
t'offrir soixante piastres ; pourtant, comme je n'ai
qu'une parole, je persistai dans mon offre.

Le jeune homme qui semblait lutter contre une
sourde colère, allait peut-être me répondre par
quelque observation malsonnante, lorsqu'une tierce

personne intervint dans le débat; c'était une jeune fille fort bien tournée, et d'une mise élégante, mais dont le visage était entièrement caché sous son *man-to* de soie noire. Elle fit au jeune homme un signe qui probablement coupa court à ses incertitudes, car il me dit aussitôt :

— Donnez-moi les soixante piastres, le cheval est à vous, et qu'il puisse vous emporter à tous les diables.

Me voilà donc propriétaire d'un cheval, et tellement pressé, pour mon malheur, de le mettre à l'épreuve, que le lendemain même, au lever du soleil, j'étais en route pour Piura. Mon cheval avait un harnais tout neuf que je n'avais eu que la peine de choisir parmi ceux dont mon magasin est amplement fourni, la bride, la selle et un *pellon* (chabraque en peau de mouton) bordé de franges rouges qui lui seyait à ravir; moi-même par dessus mon poncho en fine laine d'alpaca, je portais une carabine en bandoulière, avec un couteau de chasse au côté, et deux pistolets passés dans ma ceinture.

D'abord tout alla pour le mieux; mon cheval faisait ses deux lieues à l'heure, sans avoir un poil mouillé, et vers midi j'étais arrivé à une espèce de baraque située à mi-chemin entre Païta et Piura, et connue sous le nom de la *Venta del Casador*. Quoique altéré par la vitesse de ma course et la chaleur du soleil parvenu à son zénith, j'hésitais pourtant à m'arrêter, car un homme sage doit être modéré dans ses dépenses, lorsqu'une voix dont le timbre ne m'était pas inconnu, me cria du fond de ce taudis.

— Holà! seigneur cavalier, accordez-moi la faveur de vous offrir un verre de pisco.

Je reconnus à l'instant même mon jeune homme de la veille; il était accoudé sur la table, en face d'une bouteille et de deux verres. Je ne sais quelle inspiration providentielle me conseillait en ce moment de poursuivre ma route, de me tenir à l'écart de cette figure douce, mais perfide. Pourquoi faut-il, hélas! que ma mauvaise étoile, ou pour dire la vérité, ma sotte prédilection pour le vin de Pisco, l'ait emportée sur cette sage résolution.

Là-dessus, mon homme poussa un profond soupir.

— Eh bien! demandai-je, que se passa-t-il entre vous deux?

— Rien de désagréable pour le moment. Je descendis de mon cheval que j'attachai à un pilier où il y en avait déjà un autre, et je pénétrai dans ce bouge, où une vieille Indienne était occupée à rincer des verres. Sur un banc était étendu tout de son long un individu de mauvaise mine et complètement absorbé, à ce qu'il me sembla, par les spirales de fumée qui s'échappaient de sa cigarette. Il n'eut pas l'air de faire attention à moi, et ne se dérangea que lorsque le jeune homme lui eut dit : « Allons, Sancho, vide ton verre, et en route, tu sais que tu n'as pas de temps à perdre. »

L'individu appelé Sancho fut debout aussitôt : c'était un vigoureux gaillard au teint bronzé, aux formes athlétiques. Il prit son verre plein, qu'il vida d'un seul trait en faisant claquer sa langue, et partit en nous faisant un brusque souhait de bonne santé.

Le jeune homme l'accompagna à quelques pas hors de la venta, et revint s'asseoir auprès de moi.

— « Seigneur cavalier, me dit-il d'un air aimable,
« bien qu'il me sembla y découvrir une pointe
« d'ironie, êtes-vous encore satisfait du marché que
« nous avons conclu hier ensemble ? Si vous ne
« l'êtes pas, dites un mot, et je vous rends à l'ins-
« tant même vos soixante piastres avec l'intérêt à
« cent pour cent de votre argent.

Et en même temps il tira de sa poche une poignée de pièces d'or.

« — Non pas ! m'écriai-je, je n'ai pas le moindre
« regret, au contraire, et d'ailleurs, je ne reviens
« jamais sur un marché conclu, bon ou mauvais.

« — Votre satisfaction comble mes vœux, répli-
« qua-t-il, et lorsque vous me connaîtrez mieux,
« car nous sommes gens à nous revoir, vous trou-

« verez en moi un ami sans égal, un de ces amis
« qu'on n'oublie jamais. Et permettez-moi une
« question peut-être indiscrète. Votre intention
« n'est-elle pas d'aller coucher à Piura.

« — Vous l'avez deviné, répondis-je, c'est pré-
« cisément à Piura que je me rends.

« — Comme cela se trouve, s'écria-t-il d'un air
« ravi, j'y vais également, et si cela ne vous con-
« trarie pas, nous ferons route ensemble ; j'aurai
« l'avantage de jouir de votre agréable conversa-
« tion, et cela me rappellera plus tard à votre sou-
« venir, lorsque vous aurez l'occasion de parler de
« notre rencontre.

« J'acceptai l'offre de mon nouvel ami, et pendant
que je resserrais la sangle de mon cheval, je le vis
reparaître avec son poncho sous lequel il portait un
objet d'un certain volume ; il enfourcha un bidet
d'assez chétive apparence et vint prendre place à
côté de moi.

« — Holà ! seigneur, s'écria-t-il tout-à-coup,
« comme s'il venait seulement de s'en apercevoir,
« vous voici armé comme pour une expédition. Se-
« riez-vous des nôtres, par hasard?

« — Qu'entendez-vous par les vôtres ? deman-
« dai-je.

« — C'est clair, caraï, ne seriez-vous pas quelque
« peu contrebandier ?

« — Moi, contrebandier ! Sachez, mon brave
« ami, que je fais mes affaires en tout bien, tout
« honneur, et que si je porte des armes, c'est uni-
« quement pour ma défense personnelle. Les vo-
« leurs ne manquent pas dans le pays et je veux
« être prêt à tout événement.

« — Des voleurs ! répéta mon compagnon en
« éclatant de rire, excellente plaisanterie, sur mon
« âme ! Il n'y a de voleurs que là où il y a des gens
« à voler, et cette misérable centrée n'est même pas
« digne de l'attention de ces messieurs; allez donc,
« seigneur marchand, défaites-vous de ces chimères,
« et dorénavant, croyez-moi, n'emportez pas même
« en voyage une épingle à cheveux de femme;
« cela porte malheur.

« Nous poursuivions notre route en continuant
la conversation sur ce ton badin. Mon compagnon
même devenait de plus en plus expansif, et s'éver-
tuait à m'égayer par ses facéties, lorsque nous
nous trouvâmes à l'entrée d'une gorge étroite res-
serrée entre une double chaîne de monticules de
sable. Cet endroit, que je vous ferai remarquer
lorsque nous y serons, s'appelle la *quebrada del
venado.*

« J'arrêtai mon cheval pour laisser mon compagnon passer le premier; mais lui, de son côté,
s'obstina à me céder le pas. Ce fut, entre nous deux,

pendant quelques instants, un assaut de politesse dans lequel il finit par avoir le dessus, puisque je fus contraint de prendre les devants.

« Il y avait à peine dix minutes que nous cheminions à la suite l'un de l'autre, dans cette espèce de couloir qui fait de nombreux détours, et je riais encore à me tenir les côtes de la fin d'une histoire des plus désopilantes, lorsqu'un sifflement aigu se fit tout-à-coup entendre.

« — Eh ! fis-je en retenant brusquement ma « monture, qu'est-ce que cela veut dire ?

« — Rassurez-vous, me dit mon compagnon, « c'est le sifflement de l'oiseau moqueur. Etes-« vous curieux de le voir ? Regardez au-dessus de « votre tête.

« Et en même temps il donna lui-même un coup de sifflet strident.

« Je levai les yeux sur le firmament où je n'aperçus pas le moindre oiseau ; mais au même instant une voix d'homme, brève et menaçante, cria, à deux pas de moi :

« — *A-pee-se !*

« Quelle ne fut pas ma stupéfaction en reconnaissant Sancho, cette espèce d'Hercule parti avant nous de la venta, qui tenait d'une main la bride de mon cheval, et de l'autre un *machete* qui me parut affreusement long.

« — Holà ! m'écriai-je, que signifie cette mau-
« vaise plaisanterie ?

« Et je me retournai vers mon compagnon.

« La gueule d'un trabucco dirigé sur moi fut le
premier objet sur lequel tombèrent mes yeux. A cet
aspect, je l'avoue, tous mes sens se troublèrent, je
me crus déjà un homme mort ; et comme je ne
savais quel parti prendre, quoique mon voleur
de devant m'eût crié pour la seconde fois *Abajo del
caballo,* il me tomba sur la tête et sur les épaules
une avalanche de coups de nerf de bœuf qui finirent
par me jeter à bas de mon cheval.

« A peine fus-je à terre et hors d'état de me
défendre, que mes deux coquins m'arrachèrent
ma carabine, mes pistolets et mon couteau de
chasse, en oubliant, il est vrai, de visiter mes
poches qui ne contenaient que peu d'argent.
Cela fait, ils m'enveloppèrent dans mon poncho,
après m'avoir ficelé comme un saucisson, et me
transportèrent sur le haut de la falaise dans un
endroit très-exposé au soleil, où je restai étendu
sans plus de voix et de mouvement qu'une momie ;
pourtant je reconnus la voix qui me cria aux
oreilles :

« —A revoir, seigneur marchand, apprenez qu'un
« marché trop avantageux peut être parfois une
« mauvaise affaire. Tâchez de ne pas vous enrhu-

« mer ; et lorsqu'on vous aura ramassé, ce qui arri-
« vera infailliblement un jour ou l'autre, priez les
« saints du paradis qu'ils ne vous fassent pas ren-
« contrer *el Muchacho*, car c'est lui-même qui vous
« parle. »

— Et comment vous tirâtes-vous de là ? demandai-je à mon compagnon dont le récit m'avait vivement intéressé.

— Je ne m'en tirai pas du tout ; ce ne fut que
vingt-quatre heures après l'événement que des
arrieros qui traversaient la quebrada, poussant
devant eux leurs mules, ayant remarqué un grand
nombre de *gallinasos* qui planaient au-dessus de
ma tête, dans l'espoir sans doute de se repaître de
ma chair lorsque je serais bien mort, voulurent
connaître la cause de ce rassemblement inusité
d'oiseaux de proie, et me découvrirent au même
endroit où j'avais été abandonné la veille, totalement privé de sentiment, et en proie au délire de
la fièvre. Les braves gens commencèrent par me
débarrasser de mes liens, et voyant que j'étais
hors d'état de faire usage de mes membres, me
transportèrent, couché comme un sac de maïs
en travers d'une mule, jusqu'à Piura où je
suis resté près de trois jours entre la vie et la
mort.

— Voyez plutôt, ajouta-t-il en découvrant sa tête

totalement privée de cheveux, et ses mains dénudées de leur épiderme.

A cet aspect, je me sentis ému de pitié et je m'abstins de lui faire part de la réflexion qui m'était d'abord venue : que c'était la juste punition de son avarice.

— Et le Muchacho, lui demandai-je, en avez-vous eu quelque nouvelle depuis ?.

— Aucune ; car mon premier soin, aussitôt ma guérison, a été de déposer une plainte contre lui. Et, le croiriez-vous, beaucoup de personnes ont prétendu que tout cela n'était qu'une histoire de mon invention, et qu'après avoir perdu mon cheval au jeu, je voulais apitoyer le public sur une catastrophe imaginaire. Mais tôt ou tard j'aurai ma revanche, et si je parviens à retrouver le *Muchacho*, il paiera cher tout le mal qu'il m'a fait.

Tout en causant de ce sujet et d'autres, nous avancions assez rapidement, et un peu avant midi, nous étions parvenus à l'entrée d'une gorge étroite, surplombée de chaque côté par des falaises sablonneuses, dont le soleil faisait miroiter les couches nacrées.

— C'est par ici que j'ai été jeté à bas de mon cheval, me dit bientôt mon homme qui cherchait à se reconnaître ; l'endroit, comme vous le voyez, n'est pas trop mal choisi pour un guet-apens.

Et en parlant ainsi, il jetait autour de lui des regards inquiets, comme s'il se fût attendu à voir apparaître le Muchacho.

Les terreurs de ce pauvre diable étaient risibles par leur exagération même, et la simple apparition d'un cavalier l'eût certainement fait mourir d'épouvante.

A notre arrivée à la fameuse *Venta del Casador,* je fus presque obligé d'user de violence pour le décider à faire une courte halte, peut-être même n'était-il pas trop rassuré sur mes propres intentions. Il finit pourtant par accepter quelques verres de vin de Pisco qui lui rendirent un peu de courage, et par bonheur, il ne s'y présenta aucun voyageur de passage, sans cela il m'eût exposé à quelque scène ridicule.

Après avoir pris quelques moments de repos, nous nous remîmes en route, et laissant sur notre gauche le hameau de Viviate, dernière limite de la contrée boisée, nous nous dirigeâmes vers des plateaux arides où apparaissaient clair semés des cactus rabougris, au feuillage incolore, seule végétation de cette terre improductive arrachée par un cataclysme au domaine de l'Océan. Notre guide, pour ne pas faire fausse route dans cette mer de sable où le vent efface, à mesure que l'on avance, l'empreinte du pas des hommes et des bêtes de somme, n'avait d'autres signes de repaire que la marche du soleil, et le souffle expirant des brises venant de la mer.

Le jour touchait à sa fin, lorsque nous atteignîmes les derniers promontoires de la côte. A notre droite s'ouvrait une immense rade où stationnaient au large des navires à l'ancre, et au fond de cette rade découpée en hémicycle, sur une plage basse et étroite cerclée de falaises, s'éparpillaient sans aucune symétrie quelques centaines de maisons glauques et torturées. « *Hé aqui el pueblo de Païta;* nous cria notre guide.

Je descendis de cheval à la porte du principal hôtel de l'endroit, situé en face du môle et tenu par un ancien matelot français nommé P..., qui, pour attirer la clientèle américaine, avait travesti son prénom de Guillaume en celui de William. C'était un bas normand, subtil et beau parleur autant qu'homme de son pays, baragouinant avec une égale facilité l'anglais, l'espagnol, et même sa langue maternelle, et sachant plumer la poule sans la faire crier. Grâce à son bavardage, dès le soir même, je connus mon Païta sur le bout du doigt.

Cette bourgade, de douze à quinze cents âmes de population, n'a d'importance que par son port qui sert de débouché aux produits agricoles de presque tout le nord du Pérou, et comme résidence

officielle du gouverneur de la province et des agents
consulaires de France, d'Angleterre, et des Etats-
Unis. Les pavillons de ces messieurs flottent au-
dessus de leurs toits de chaume, accostés de *gallinasos*, vautours noirs d'aspect aussi lugubre que
des croque-morts, qui, du haut de ces perchoirs
guettent au loin les détritus abandonnés à la rue,
et les poissons morts que le ressac dépose sur la
grève.

Païta ne possède ni ruisseau, ni fontaine, rien
qui ressemble à un cours d'eau quelconque, et
il n'y pleut qu'une fois tous les six ou sept ans.
Cette pluie qui tombe à flots pendant une quin-
zaine de jours, fertilise comme par enchantement
le sol des *pampas* (plaines) de l'intérieur, et donne
lieu à une suite de récoltes surabondantes de coton,
de *camotes* (pommes de terre douces) et en général
de toutes les productions tropicales

Pendant les années de sécheresse, la récolte
est au contraire presque nulle, et les habitants de
Païta ne consomment pas une seule goutte d'eau
qui n'ait fait un trajet d'au moins huit lieues à dos
de mulet, pour venir de Viviate, où les *aguadores*
vont les chercher trois fois par semaine. On prétend
même, mais je n'oserais l'affirmer, que les chiens
qui sont fort nombreux dans la localité, se ras-
semblent de temps en temps le soir, pour prendre,

par caravanes, le chemin de la rivière de Viviate,
dans le seul but de se dédommager de la manière
parcimonieuse dont ils sont abreuvés chez leurs
maîtres.

III

LA VIBORA

J'étais chargé pour le colonel C... d'une lettre confidentielle, objet de la sollicitude toute particulière de mes patrons, et qui, pour ce motif, n'avait pas un seul instant quitté ma poche pendant toute la durée de mon voyage. Cette lettre, je devais la remettre en main propre.

Le lendemain je fus faire ma première visite au colonel. C'était un homme de cinquante et quelques années, encore alerte et vigoureux, dont la physionomie exprimait une certaine bonhomie railleuse ; son accueil fut pourtant tel que je pouvais le désirer, poli et même cordial.

« Vous êtes probablement descendu chez P..., me dit-il après avoir attentivement lu ma lettre d’introduction : c’est la seule auberge logeable à Païta, mais il est impossible d’y manger. Vous me ferez donc le plaisir de venir tous les jours prendre vos repas à ma table. »

Et voyant que j’ouvrais la bouche pour faire une objection à cet arrangement : « Non, non, interrompit-il, c’est un service que j’ose vous demander, vous savez d’ailleurs que nous avons à nous occuper ensemble d’une affaire sérieuse qui intéresse au plus haut point votre maison. »

Je me contentai de m’incliner en signe d’acquiescement, avec l’espoir qu’il allait me faire une ouverture au sujet de çette affaire sérieuse ; mais comme la conversation prenait un autre tour, je crus pouvoir hasarder une question.

« Doucement, seigneur Français, interrompit-il en riant; c’est pour vous lettre close, je le sais, une énigme dont vous ne seriez pas fâché d’avoir la clef : permettez-moi pourtant de remettre cette confidence à un moment plus opportun. En attendant vous n’aurez rien à faire ici qu’à vous distraire selon vos goûts. Vous y trouverez des dames qui ne détestent ni la musique, ni le bal, et des cavaliers en état de vous tenir tête, quelle que soit votre chance, au *monté;* je vous préviens en outre, que vous aurez toujours un de mes chevaux à vos ordres. »

Dans ce moment parut une domestique indienne qui prononça brièvement le mot *Almorzar.*

« Le déjeuner est servi , me dit le colonel ,
« veuillez me suivre, je vais vous présenter à ma
« famille. »

Nous entrâmes dans la salle à manger : il y avait
là deux jeunes filles admirablement belles dans
leurs simples peignoirs blancs, qui trahissaient des
formes d'une rare perfection. On eût dit deux fleurs
nouvellement écloses dont aucun souffle impur
n'aurait encore altéré la fraîcheur virginale. Leur
père me les présenta successivement sous les noms
de Mercédés et d'Antonia.

La première d'une taille élancée, frêle et délicate comme une sensitive, mais pleine de grâce
et de distinction, avait une de ces physionomies de
madone au galbe noble et régulier, dont l'expression
est d'une sérénité grave, comme celle de la mois-
sonneuse de Léopold Robert. Son doux et pudique
regard, son aimable et bienveillant sourire, sa voix
au timbre musical, toute sa personne, en un mot,
possédait un charme sympathique qui attirait
invinciblement.

Moins grande que sa sœur, mais douée d'un
développement plus précoce, Antonia, la cadette,
avait une physionomie mobile et expressive qui re-
flétait tous les sentiments de son âme ; ses sourcils

finement dessinés, mais d'une courbe accentuée, et de grands yeux d'un sombre azur comme ceux du lion qui sommeille mais dont la prunelle semble couver la foudre, étaient les traits saillants de son visage. Le timbre de sa voix se rapprochait du contr-alto, et tout en elle, sans en exclure la grâce qui est l'apanage de son sexe, avait un cachet d'énergie presque virile et d'indomptable volonté.

A l'issue du déjeuner le colonel me dit : « Votre séjour à Païta, peut se prolonger au-delà de mes prévisions et de vos désirs peut-être. Préparez-vous donc à subir un peu d'ennui ; la seule chose que j'exige de votre courtoisie, c'est que vous veuilliez bien pendant ce temps considérer ma maison comme la vôtre, et ne pas oublier que votre couvert sera mis tous les jours à ma table, le matin à onze heures, et le soir à six heures. A cela près, je vous laisse toute votre liberté, et vous emploierez votre temps comme bon vous semblera.

« Excusez-moi également, ajouta-t-il, de n'être pas plus communicatif avec vous, et en cela je suis forcé de me conformer à la demande expresse de vos patrons, qui désirent vous laisser ignorer le service qu'ils attendent de vous, jusqu'au moment où l'on aura besoin de votre ministère. »

A tout cela je ne trouvai aucune objection à faire, et à part la discrétion fort inutile à laquelle il se croyait obligé vis-à-vis de moi, le colonel me parut un homme très-aimable et d'excellentes manières.

J'essayai donc de mettre en coupe réglée les heures de ma journée. Matin et soir je faisais des excursions à cheval, mais cet exercice avec une immuable perspective de sables jaunes sans verdure, et d'un océan bleu sans tempêtes, finit par me donner le spleen, et je m'en tins aux distractions que me procurait la maison du colonel dont les deux charmantes filles étaient un sujet d'études beaucoup plus intéressant. J'ai déjà exquissé leurs portraits, lorsqu'elles m'apparurent pour la première fois ; je vais tâcher de peindre leurs caractères.

Mercédès, noble et touchante image de la charité chrétienne, était douée de cet ineffable amour qui s'associe à toutes les joies, compatit à toutes les douleurs ; à la tendre affection qu'elle inspirait sans la chercher, s'ajoutait un sentiment de vénération pour ses vertus simples et modestes. Son père lui-même, comme je ne tardai pas à m'en apercevoir, subissait à son insu l'influence de cette supériorité morale, et cédait peut-être malgré lui aux généreuses inspirations d'une nature qui n'avait en partage aucune des faiblesses de l'humanité.

Antonia appartenait tout entière au royaume de ce monde ; elle en avait les attraits mobiles et les

imperfections qui plaisent. Ardente et passionnée
sous un calme apparent, elle provoquait la résistance pour le seul plaisir de la combattre, et parve-
nait à dompter ses instincts généreux pour l'or-
gueilleuse satisfaction de pardonner après la
victoire.

Les deux aimables sœurs avaient fini par m'admettre à un certain degré d'intimité, et je passais
auprès d'elles de longues soirées au milieu d'une
causerie familière où l'une répandait à profusion
les trésors de son âme candide et bienveillante,
l'autre tout le piquant d'une controverse passionnée
et jamais à bout d'arguments.

Nous n'étions pas toujours d'accord, surtout
lorsqu'il était question de l'Europe, de la France ou
de Paris qu'elles plaçaient dans leur estime, fort
au-dessous de leur pays natal et de Lima, la ville
des rois. Mercédès encourageait mon enthousiasme
patriotique par un indulgent sourire. Antonia, au
contraire, prétendait qu'il n'y avait qu'une grande
nation au monde, la nation Péruvienne; et pour peu
que je ne fusse pas de son avis, elle s'irritait contre
ce qu'elle appelait mon entêtement, ou bien elle se
contentait de me chanter une ballade en l'honneur
de Bolivar, le rédempteur de l'Amérique du Sud,
et le plus grand homme de guerre du monde, sans
en excepter Alexandre, César et même Napoléon.

A lui seul, le colonel restait encore une énigme pour moi. C'était incontestablement un bon père de famille, plein de mansuétude et de désintéressement, exagéré peut-être dans ses rancunes politiques, car il avait à se plaindre du gouvernement, mais à tout prendre un galant homme, facile à vivre, et antipathique, autant par système que par goût, aux entraînements de la spéculation. Aussi étais-je fort intrigué au sujet des rapports qui pouvaient exister entre lui et les chefs de ma maison, spéculateurs avides, et ne se préoccupant de la politique du gouvernement qu'au point de vue des droits dont il frappe assez arbitrairement les produits exotiques.

J'eus encore recours à mon oracle ordinaire, c'est-à-dire à mon aubergiste, et voici les renseignements qu'il me donna.

Le colonel C... après avoir longtemps porté les armes et contribué à l'indépendance de son pays, fut accusé par ses ennemis politiques d'être resté secrètement attaché au parti espagnol, et de faire cause commune avec le général Florès, alors frappé de proscription. Ces allégations, bien que dénuées de preuves, suffirent néanmoins à une époque de lutte entre divers prétendants à la dictature pour le faire condamner au bannissement hors de son pays, et à la séquestration de tous ses biens.

L'exil du colonel retiré avec sa famillle à Guayaquil, fut maintenu pendant trois ans, au bout desquels il obtint par l'entremise de ses partisans revenus au pouvoir, une réhabilitation tardive qui laissait subsister le séquestre apposé sur ses propriétés livrées à une honteuse spoliation. Il revint alors à Païta, sa patrie, où, avec les débris d'une fortune jadis opulente, il racheta sa maison patrimoniale et une petite *chacara*, ou ferme, à Viate.

Avec tout cela, ajoutait mon informateur, il aurait à peine de quoi vivre, si la contrebande dans laquelle il est passé maître ne lui fournissait tous les ans une notable augmentation de revenus.

— Le colonel contrebandier ! je n'en croyais pas un mot ; c'était une calomnie, ou plutôt un rêve de mon coquin d'aubergiste, habitué par état à pratiquer la fraude et à la soupçonner là même où elle ne pouvait exister. Pourtant je me promis d'observer.

Je revoyais aussi de temps en temps mon ex-compagnon de voyage qui trônait dans sa boutique de bric-à-brac, au milieu d'une collection d'articles disparates. Les cheveux et l'épiderme lui repoussaient en même temps que l'embonpoint, et rien n'eût manqué à sa félicité, si la perte de son cheval ne lui eût laissé du noir dans l'âme. C'était pour lui le sujet d'interminables doléances et des imprécations les plus formidables contre les voleurs de grand chemin, les contrebandiers, et spécialement contre le Muchacho.

Mon intimité avec le colonel me valut au bout de peu de temps la jouissance de certaines prérogatives dont je n'usais qu'avec sobriété, celle entre autres d'être accueilli dans une société de joueurs voués au noble jeu du *monté*, et d'assister à des soirées musicales où les dames se relayaient pour tapoter sur une épinette dont les sons criards auraient donné la chair de poule à un mort.

Un *tertulia* donné par le *gouverneur* de la province et aux frais de laquelle je contribuai pour une somme de dix piastres, m'a laissé de plus gais souvenirs. Il ne faut pas qu'on prenne trop au sérieux ce titre pompeux qui était l'apanage d'un respectable citadin beaucoup plus ferré sur la mercuriale du coton et des pommes de terre, que sur l'école de bataillon et la défense des places fortes.

Dès huit heures du soir, les invités arrivèrent en foule, les dames en robe blanche, les cheveux entremêlés de fleurs artificielles, et partagés sur le derrière de la tête en deux longues tresses roulant comme un double flot d'ébène sur leurs blanches épaules : les hommes emprisonnés dans le frac noir de rigueur, d'une coupe un peu surannée, cravatés jusqu'aux

oreilles, et décidés à braver sous ce costume Euro-
péen les chaleurs d'une latitude de cinq degrés Sud.

A défaut de lustres, c'étaient des bougies incrustées dans des flambeaux de toutes formes ou dans
des niches pratiquées dans les murs qui éclai-
raient les différentes parties de la salle. Un violon,
une clarinette, deux ou trois tambours de basque,
une demi-douzaine de guitares et autant de voix
de femmes douées d'un timbre suraigu, composaient
l'orchestre.

Il faut avoir assisté à l'une de ces tertulias ultrà-
tropicales pour s'en faire une idée. Rien de plus
burlesque en apparence, de moins harmonieux au
premier abord que cette triviale instrumentation,
que ces voix criardes montées au même diapason. Il
vient un moment où la passion ennoblit ce spectacle.
Du fond d'un rythme traînant et entrecoupé de
syncopes, s'élève par degrés la transition de
l'amour tendre et craintif, au délire de la passion
arrivée à son paroxisme. C'est un drame haletant
auquel la musique, les gestes des danseurs, les
applaudissements frénétiques de la galerie impri-
ment un caractère d'exaltation qui dans nos salons
aristocratiques obtiendrait un médiocre succès.

Après la *sambacueca* et autres danses indigènes, ce
fut le tour des contredanses françaises du temps de la
restauration qui se ressentaient encore de la gravité

du menuet. Hélas ! quel triste réveil pour moi ! quel brusque changement de scène et de décoration ! les habits noirs avec leurs basques en queue de poisson m'apparurent dans toute leur laideur. Et ces jeunes filles, séduisantes almées dans leurs danses nationales, ne furent plus à mes yeux que de timides provinciales exécutant avec la plus désolante précision des en-avant deux et des balancés que n'eût point désapprouvés la directrice la plus rigide d'un pensionnat de demoiselles. Ce spectacle navrant me brouilla pour toujours avec les exportations européennes du domaine de la mode.

La soirée fut coupée en deux par un ambigu de viandes froides, de pâtisseries et de confitures. Les dames seules prirent place autour de longues tables dressées dans une salle basse, et furent servies par leurs cavaliers debout derrière leurs chaises, et auxquels elles faisaient passer des morceaux au bout de leurs fourchettes. Le tour de ces derniers arriva lorsque les dames se furent retirées, et bon nombre d'entre eux, après avoir prolongé leur réfection au-delà des bornes de la tempérance, n'hésitèrent pas à reparaître au bal dans une tenue qui laissait beaucoup à désirer au point de vue du décorum. Je dois rendre cette justice aux Péruviens, que tous ceux qui agissaient d'une façon si inconvenante étaient étrangers.

Le bal dura jusqu'aux premières clartés du jour, et les danseurs s'éclipsèrent pour aller chercher un repos dont ils avaient grand besoin. Seuls, quelques habitués du monté relégués dans une pièce voisine de celle où l'on dansait, insensibles à toute autre musique qu'à celle des onces d'or qui s'empilaient sur le tapis, trouvèrent moyen de faire durer leur agréable passe temps jusqu'au soir.

Un peu d'ennui s'associait, pour moi, à toutes ces distractions et j'en étais à me demander si mon internement à Païta devait être éternel, car j'avais un vague soupçon de l'espèce de service qu'on exigeait de moi, lorsqu'un matin, au moment où je prenais ma place habituelle à la table du colonel, un coup de canon retentit dans le port.

— « Mettez un couvert de plus, dit le colonel, je reconnais le son de cette pièce, c'est la coulevrine de *la Esméralda.* » En ce moment j'avais les yeux sur Mercédès, et je crus voir une légère rougeur passer comme une ombre sur son charmant visage.

Le colonel tira sa montre : dans dix minutes, ajouta-t-il, nous allons avoir la visite de mon neveu, qui commande la goëlette de l'Etat, mais comme en sa qualité de marin, Francillo connaît la valeur du temps, et l'heure du déjeûner, rien ne nous empêche de l'attendre à table.

Les dix minutes n'étaient pas encore écoulées,

qu'une petite Indienne, en vedette sur le seuil de la porte, annonça le capitaine Francillo Diaz, et presque aussitôt je vis paraître un jeune homme de vingt-cinq à vingt-six ans, d'une jolie figure, et portant les insignes de lieutenant de la marine péruvienne. Au premier coup d'œil sa physionomie franche et ouverte me prévint en sa faveur.

Je me levai de mon siége en même temps que les deux jeunes filles; le colonel seul resta assis.

— « Sois le bienvenu, *Niño*, et prends la place qui t'attend, » dit-il en acceptant son accolade.

La même faveur lui fut accordée par les deux sœurs, avec une froideur marquée par Antonia; par Mercédès, au contraire, avec une émotion qu'elle eût vainement cherché à cacher. Ce devoir de famille accompli, le jeune officier s'avança vers moi. « C'est un ami, » lui dit le colonel, et en même temps nous échangeâmes une cordiale poignée de main.

Chacun reprit sa place, et bientôt la conversation devint générale, mais en attendant, j'avais cru deviner aux regards de tristesse que le capitaine Francillo jetait fréquemment sur Antonia, qu'il était plus sensible à son froid accueil, qu'à la chaude et affectueuse réception de Mercédès.

— A quoi devons-nous l'honorable visite de la Esmeralda ? demanda le colonel.

— A une cause très-simple, répondit le jeune homme, le gouvernement vient d'être informé qu'un navire contrebandier, parti de Panama, devait débarquer des marchandises sur un point de la côte, et j'ai pour mission de le capturer.

— *Valga me Dios!* s'écria le colonel; quel ignoble métier pour un brave garçon comme toi? Notre glorieuse république n'a-t-elle donc plus de douaniers à son service, pour qu'on t'oblige à remplir leurs fonctions?

— Que puis-je faire à cela? répondit en riant Francillo, les contrebandiers sont aujourd'hui les seuls ennemis de notre gouvernement, et je dois lui obéir lorsqu'il m'ordonne de leur faire la chasse.

— Te voilà vraiment à plaindre, mon bon Francillo, car tu remplis un rôle d'alguasil, et la contrebande comme les contrebandiers, ne sont plus aujourd'hui qu'un mythe une tradition extraite de la poussière du passé; t'a-t-on signalé au moins le navire en contravention, et sais-tu où le trouver?

— « Vraiment, mon oncle, vous me forcez à être indiscret, même en présence de votre ami. J'ai ordre de saisir une polacre bondée de marchandises qui doit vider son chargement sur un point de la côte aux environs de Païta. Ce matin même j'ai cru reconnaître à l'aide de ma lunette, un bâtiment assez semblable à celui qui m'a été recommandé, mais il avait le cap au nord-ouest, et c'est ce qui m'a empêché de lui donner la chasse.

La conversation sur ce sujet en resta là ; je remarquai néanmoins qu'elle avait laissé quelques préoccupations dans l'esprit du colonel, car à partir de ce moment, il fut taciturne, et ne répondit plus que par monosyllabes aux questions qui lui étaient adressées.

Lorsque nous fûmes levés de table, Mercédès et Antonia remontèrent dans leur appartement, et Francillo Diaz que son titre de cousin-germain autorisait à certaines primautés, demanda et obtint la permission de les accompagner.

— Comment trouvez-vous mon neveu ? me demanda le colonel aussitôt que nous fûmes seuls.

— Un charmant garçon, et plein d'avenir, pour peu que les qualités de l'esprit répondent chez lui aux avantages extérieurs.

— Malheureusement il n'en est pas ainsi, répliqua le colonel ; c'est un caractère faible et indécis sur lequel il n'y a pas à compter. Tout jeune encore, Francillo a été fiancé à Mercédès ; c'était d'après le vœu de sa mère, la noble créature que l'exil m'a ravie ! et je ne vois plus chez lui l'empressement qu'il devrait avoir pour la femme qui est destinée à devenir sa compagne.

— Peut-être vous serez-vous trompé, dis-je au colonel, et il m'a paru, au contraire, qu'il existait entre elle et lui une grande intimité.

— Dieu le veuille ! Mais qui nous arrive là? interrompit-il en voyant entrer un jeune Indien à peine vêtu qui lui présenta un chiffon de papier crasseux, sur lequel était inscrit un chiffre hiéroglyphique. Ah ! c'est toi, Juanito. Il y a donc du nouveau, ajouta-t-il, après avoir examiné cette singulière missive. Très-bien ; on y sera ce soir. Voilà ma réponse : tiens, bois ce verre d'aguardiente, et maintenant que ta commission est faite, retourne-t-en comme tu es venu, et fais bien attention à ce que personne ne suive tes pas.

— Vous venez d'entendre le premier mot de l'énigme, me dit en riant le colonel, lorsque l'enfant fut parti ; ce soir vous en saurez davantage. Tenez-vous donc prêt.

A ces mots nous nous séparâmes.

Que s'était-il passé de sérieux dans l'entrevue du matin entre Francillo et les deux sœurs, je l'ignore; mais lorsque je me retrouvai avec elles au dîner de la famille, les traits naturellement pâles de Mercédès me parurent altérés par quelque peine secrète. Le colonel fit la même remarque, car d'un accent qui trahissait sa profonde sollicitude pour la santé de sa fille, il lui demanda si elle était souffrante.

Mercédès rougit à cette question, et répondit avec sa douceur habituelle qu'elle ne souffrait pas.

— Croiriez-vous, me dit son père en se tournant vers moi, que je ne puis pas même obtenir de Mercédès, ordinairement obéissante, qu'elle veuille bien faire comme les autres jeunes filles de son âge, se distraire au dehors, prendre un peu de plaisir? Eh bien, non, si elle sort, ce n'est que pour remplir ses devoirs religieux. Oh ! si tu pleures, ajouta-t-il, en voyant une larme rouler sous sa paupière, je croirai que tu as des chagrins que tu ne veux pas me confier.

— « A la bonne heure, ajouta-t-il en voyant un mélancolique sourire errer sur son noble visage, je prétends que tout le monde soit heureux et satisfait dans ma pauvre maison. Caramba ! il me vient une idée, une idée magnifique. Je vais donner, pas plus tard que demain, une *tertulia* où tout le monde dansera, le gouvernement, le corps diplomatique, les administrations, et même la douane. A vous, mesdemoiselles, et à vous, Francillo, je laisse le soin de faire les invitations, et les préparatifs de la fête ; que personne ne soit oublié, et jetons l'argent par les fenêtres ; je veux qu'il soit dit qu'un pauvre colonel ruiné s'est montré plus grand seigneur que le gouverneur de la province.

La surprise fut unanime, mais le colonel, habitué

à trouver une obéissance passive à toutes ses vo-
lontés, n'eut pas l'air d'y faire attention :

— Vous qui n'entendez rien à tous ces détails,
faites-moi le plaisir de m'accompagner dans une
courte promenade à cheval; pour une fois vous
laisserez Francillo vous remplacer dans vos fonctions de cavalier servant auprès de ces demoiselles.
J'acceptai.

Au lieu de diriger notre promenade du côté de la
grève, comme je m'y attendais, le colonel prit un
sentier ardu qui conduisait au plateau des falaises,
au sud de Païta. De ce point élevé, nos regards
embrassaient un vaste horizon et une partie de
l'océan empourpré par les derniers rayons du soleil
couchant.

— Le moment des explications est arrivé, me
dit-il, en maintenant son cheval au pas à côté du
mien, et si je me suis abstenu de parler jusqu'à
présent, c'est moins par un manque de confiance à
votre égard, que pour vous laisser l'esprit en repos
au sujet d'une entreprise assez scabreuse que je fais
de compte à demi avec les chefs de votre maison, et
dont le succès peut être compromis par une parole
indiscrète. Il s'agit, puisqu'il faut parler net, d'une
opération de contrebande.

Cette révélation ne me surprit que médio-
crement, je l'avoue, ou pour mieux dire, je m'y

attendais. Le colonel put donc continuer sans interruption de ma part.

— La polacre que mon neveu a l'ordre de surveiller m'appartient, sans que lui ni personne de Païta en ait le moindre soupçon, et son chargement est la propriété de votre maison. Il s'agit donc pour moi de soustraire cette proie à mon neveu et à ces honnêtes messieurs de la doûane, et pour vous de vérifier à leur débarquement le nombre et l'état des colis, dont vous aurez à me donner un récépissé, car aussitôt expédiés par la voie de terre pour Lima, sous la conduite des *arrieros* dont le chef est un affidé de votre maison, je n'en ai plus la responsabilité.

— Je vous comprends fort bien, répondis-je, et, à part mon mécontentement d'avoir été embarqué dans une pareille affaire, sans qu'on ait même daigné me consulter, je me vois encore exposé à la pénalité qui atteint les fraudeurs. Cela ne me convient nullement, je dois vous le dire.

— Soyez sans la moindre inquiétude à cet égard, interrompit-il ; les rigueurs de la loi ne s'étendent pas au delà de la confiscation du navire et des marchandises, ce qui est bien suffisant, et jamais elle ne s'en prend aux fraudeurs eux-mêmes sans lesquels la douane ne ferait pas ses affaires. Voulez-vous que je vous dise mieux ? lorsque les saisies sont rares, les douaniers font eux-mêmes la contrebande pour leur propre compte.

— A la bonne heure, mais comment vous y prendrez-vous, pour empêcher votre neveu avec sa goëlette, et la douane qui doit avoir été prévenue, de mettre le grapin sur votre navire et sa cargaison?

— Comment? vous n'avez pas deviné que c'était pour cela que je donnais une Tertulia?... pendant que mon neveu et ces estimables employés seront occupés à danser, mon navire débarquera ses marchandises sur une plage déserte et il n'y aura pas plus de bruit que de scandale.

— Parfaitement imaginé, colonel, je vous admire, et s'il faut vous dire toute ma pensée, il ne fallait rien moins qu'une pareille preuve de votre habileté pour me convaincre que vous n'êtes pas à vos débuts en matière de fraude.

— Je vous comprends ; vous êtes étonné de ce qu'un homme comme moi, occupant un rang dans la société et jouissant d'une certaine considération, se livre à un genre d'industrie que condamnent les lois de son pays. Que voulez-vous? dépouillé de mon patrimoine par mes compatriotes, il a bien fallu en venir là; j'use de la loi du talion, et je me rembourse par mes propres mains.

Ce dernier argument ne me convainquit nullement. Si les prémices avaient une certaine valeur, la conclusion me paraissait au moins hasardée ; mais, sans me préoccuper plus longtemps de son raisonnement qui ne changeait en rien le fond des choses, je ne pensai plus qu'au rôle qui m'était si soudainement imposé, et à la manière dont je m'en tirerais.

— Nous marchions depuis près d'une heure, n'échangeant plus que de rares monosyllabes, lorsque nous nous trouvâmes tout-à-coup arrêtés par une profonde crevasse qui, d'un côté aboutissait à la plage, et de l'autre, se perdait par de nombreux détours dans l'intérieur des terres.

— Attendez un moment, me dit le colonel, on va venir prendre nos chevaux. Et portant en même temps un sifflet à ses lèvres, il en tira trois sons aigus qui furent successivement répétés par l'écho de la falaise.

J'avais beau jeter les yeux de tous côtés, je ne voyais personne qui pût accourir à cet appel.

— Regardez par là, me dit mon compagnon, en me désignant de la main un des escarpements de la falaise couronné par un rocher basaltique, partagé jusqu'à sa base en deux sections verticales, et dont la séparation devait être le résultat d'une de ces commotions volcaniques qui de loin en loin bouleversent le sol Péruvien.

— Mes yeux suivirent cette direction, et je ne

tardai pas à voir apparaître, entre les parois infé-
rieurs du roc, d'abord la tête, puis le corps tout
entier d'un jeune Indien ; c'était Juanito. Il descendit, ou plutôt se laissa glisser le long de la
pente rapide, et, sans prononcer une parole, vint
prendre la bride de nos deux chevaux.

— Sancho est-il à son poste ? lui demanda
le colonel.

L'enfant répondit par un signe affirmatif.

— Allons, tout va bien, me dit-il ; suivez-moi.

Nous escaladâmes avec quelque difficulté la
rampe par laquelle l'Indien était venu jusqu'à nous.
Arrivés au sommet, je remarquai que la fissure du
rocher était l'origine d'un sentier qui serpentait par
une pente douce tout le long des parois de la
falaise, où il se perdait par de nombreux détours.

C'était par là qu'il fallait descendre. Le colonel
prit les devants, et comme la naissance du sentier
avait une pente presque verticale, le commencement
de notre descente se fit à reculons, et en nous accro-
chant par les mains aux aspérités du roc ; un peu
plus bas, nous trouvâmes une terre sablonneuse dans
laquelle nos pieds s'enfonçaient jusqu'à la cheville :
mais alors nous pouvions marcher en avant. Le
colonel continuait à me servir de guide, et j'avais
soin de me tenir sur la même ligne que lui, car
l'obscurité augmentait peu à peu, et une déviation

m'eût probablement fait rouler à une centaine de
pieds au-dessous de l'endroit où nous étions.

— Entendez-vous? me dit-il tout-à-coup en s'arrêtant. Je prêtai l'oreille, et grande fut ma surprise d'entendre les grincements d'une guitare.

— C'est Sancho ; vous allez voir un singulier
musicien. Mais avançons, car nous ne sommes pas
éloignés de son habitation.

Les sons, en effet, ne tardèrent pas à devenir
plus distincts, et bientôt il s'y joignit une voix
forte et enrouée, qui se mit à chanter les paroles
suivantes d'un air connu.

> « Con diez cânones por banda,
> « Viento en popa, à toda vela,
> « No surca el mar si no vuela
> « Mi velero bergantin. »

— Nous venions d'arriver devant un plateau
étroit taillé dans la déclivité de la falaise.

— Hola ! he ! *Vihuelista endiablado,* cria le
colonel ; veux-tu bien enrayer ton instrument et
venir nous éclairer.

Le chant s'arrêta subitement, et l'instant d'après
la lumière d'un falot porté par un individu dont les
traits restaient dans l'ombre, éclaira l'étroit escalier
qui montait à cette espèce de citadelle ; derrière, se

dressait une cabane éclairée par une bougie enfermée dans le goulot d'une bouteille.

— Que signifie cette réception, ami Sancho? dit le colonel; il y a un instant que tu chantais, et te voilà maintenant armé d'un tromblon comme si tu voulais nous prendre à l'abordage.

— Pardon, colonel, je n'avais pas reconnu votre seigneurie, et ce coquin de Juanito qui ne m'a pas dit que vous aviez fait le signal : je lui tirerai les oreilles.

— Laisse Juanito en paix et réponds-moi : tu as donc signalé la *Vibora* ?

— Oui, seigneur, elle a louvoyé ce matin le long de la *quebrada,* et nous avons échangé les signaux convenus ; après quoi elle a repris le large, comme si son intention était de se diriger vers l'ouest.

— Allons, tout est pour le mieux, me dit le colonel. Le capitaine de la *Vibora* aura reconnu que la côte était surveillée, surtout en éventant la goëlette de l'Etat. Il reviendra demain au soir, on peut y compter. N'oublie pas, Sancho, de placer tes deux falots à l'entrée de la quebrada, et surtout ne manque pas de préparer les *balsas* pour le débarquement.

— C'est entendu, colonel, tout sera fait conformément à vos ordres.

La fin de ce dialogue se passa dans l'intérieur de la cabane, dont mes yeux faisaient en même temps l'inventaire. Elle consistait en un hamac grossier suspendu aux solives du faîte, un escabeau et une table sur laquelle était déposé l'instrument mélodieux qui charmait les ennuis de son propriétaire. Aux parois étaient accrochés des pistolets à côté d'un long *machete*, des pavillons de diverses couleurs, et une longue vue de marine.

De cet examen, je passai à celui du propriétaire de l'immeuble lui-même, dont la physionomie et la tournure étaient en parfaite harmonie avec le lieu sauvage qu'il avait adopté pour séjour. Des traits fortement accentués et brunis par le hâle, des cheveux noirs et crépus, et une barbe aussi rude que du crin, contribuaient à lui donner un aspect redoutable, que ne démentaient pas des épaules carrées et les muscles saillants de ses membres trapus.

— Il est temps de repartir, me dit le colonel qui venait de répéter, une dernière fois, la nomenclature de ses recommandations, Sancho va nous précéder avec son falot.

Nous reprîmes le chemin par lequel nous étions venus, et parvînmes à la base du rocher dont l'escalade présentait encore plus de difficultés que la descente. Ce fut le bras vigoureux de notre guide qui nous hissa jusqu'à la fissure.

Un temps de galop soutenu, en moins de trois quarts d'heure, nous eut ramenés à Païta.

Le lendemain, la maison du colonel était mise sens dessus-dessous pour les préparatifs de la soirée. J'acceptai donc l'invitation que me fit Francillo, de déjeûner avec lui à bord de sa goëlette. C'était un petit bâtiment taillé pour la course, gréé avec beaucoup de soin, et. portant à l'arrière une coulevrine en cuivre, à pivot. C'était, si je ne me trompe, le seul bâtiment de guerre en état de manœuvrer, que possédât à cette époque le gouvernement péruvien, et dont il eût pu donner au besoin le commandement à un grand amiral, ou à l'un des quatre amiraux ordinaires qui formaient l'état-major de sa marine en perspective. Je ne pus me dispenser de complimenter le jeune officier sur l'ordre et la propreté qui régnaient à son bord, bien qu'il n'eût pour tout équipage qu'une douzaine de métis assez mal équipés.

Lorsque le mousse nous eut laissés seuls en présence du café et des cigares, une causerie familière s'établit entre nous, et le sujet de la conversation étant tombé sur la famille du colonel, Francillo n'hésita pas à me confier son amour pour l'une de ses filles, et la certitude qu'il avait de l'obtenir de son père.

J'attendais le nom de Mercédès, ce fut celui d'Antonia qu'il prononça.

Grande fut ma surprise, surtout d'après ce que m'avait dit le colonel la veille. Je dirai plus, cet aveu me causa une pénible déception, tant à cause de ma prédilection pour Mercédès, que parce que je la soupçonnais de renfermer au fond du cœur de tendres sentiments pour son cousin.

Peut-être Francillo lut-il cette impression sur mes traits, car il me demanda avec une certaine vivacité si je connaissais quelque obstacle à ses vœux.

Je n'en connaissais pas d'autre que cet engagement dont m'avait parlé le colonel, et je le lui avouai franchement, tout en lui exprimant le regret que son choix ne se fut pas porté de préférence sur Mercédès, qui, non moins séduisante que sa sœur, possédait, à mon avis, des qualités plus propres à faire le bonheur de l'homme qu'elle accepterait pour époux.

A cela, Francillo répondit que Mercédès elle-même lui avait proposé de rompre un engagement qui pouvait les rendre malheureux l'un et l'autre, en lui faisant part de l'intention où elle était de consacrer sa vie au soulagement des pauvres dans quelque communauté religieuse.

Bien loin de me convertir à sa cause, Francillo, par ce dernier argument, ne fit que rendre plus inébranlable ma conviction. Je compris tout, jusqu'au généreux dévouement de cette noble fille, qui faisait, sans hésiter, le sacrifice de son amour et de sa vie, pour assurer le bonheur de celui qu'elle aimait. Je fus sur le point de m'écrier : Que faites-vous, malheureux, vous repoussez un cœur qui s'immole pour vous ! Mais je vis tout de suite qu'il n'y avait pas à lutter contre une passion aveugle que les raisonnements ni les obstacles ne pouvaient détourner de son but, et il ne me resta que le triste pressentiment des déceptions que lui préparait l'avenir.

Le soir nous nous rendîmes ensemble à la maison du colonel; les invités y étaient déjà réunis en grand nombre, et l'orchestre que vous connaissez préludait par un miaulement plaintif, au ton *la* mineur qui était d'ordonnance pour toute la soirée.

Je fis comme tout le monde, et pour ne pas désobliger le colonel, je me livrai à des évolutions chorégraphiques auxquelles mon inexpérience devait donner un caractère assez étrange. Vers une heure du matin, au moment où l'on vint annoncer que l'ambigu était servi, le colonel me fit le signal convenu, et nous parvînmes à nous échapper par une porte de derrière sans que personne y eût fait attention. Nos chevaux nous attendaient à quelques pas hors de la ville, et en peu de temps, nous eûmes franchi l'espace qui nous séparait de la crevasse.

Cette fois le colonel n'eut pas à faire le signal
ordinaire. Juanito était à son poste, avec un matelot de la polacre, muni d'une torche de résine pour
éclairer notre descente. Mais ce nouveau guide, au
lieu de nous conduire, comme je le supposais, à la
cabane de Sancho, nous fit prendre une direction
opposée aboutissant à une plage bassequesurplom-
baient de chaque côté les parois de la falaise, et
laissant apercevoir, à travers une profonde déchi-
rure, la surface polie de l'océan argentée par les
rayons de la lune.

Une vingtaine d'individus, coiffés d'un petit
chapeau de paille, la taille serrée dans des cein-
tures de soie cramoisie, et la plupart armés d'é-
normes trabucos qu'ils portaient en sautoir le
long de l'épaule, s'agitaient dans cet étroit espace
à la lueur vacillante de torches qui imprimaient
à ce tableau une couleur fantastique indescrip-
tible.

Quelques pas nous séparaient encore du cercle
lumineux, lorsqu'une voix fortement accentuée
nous cria brusquement : *quien viva ?*

Ce cri parti à peu de distance, nous fit apercevoir dans l'obscurité un homme armé qui nous bar-
rait le passage.

— *Amigos !* s'empressa de répondre le matelot
qui, après nous avoir recommandé le silence et

l'immobilité les plus absolus, s'en fut échanger quelques mots avec la sentinelle.

— Veuillez attendre, nous dit-il en revenant sur ses pas ; on est allé prévenir le commandant.

Quelques minutes, en effet, s'étaient à peine écoulées, que nous vîmes s'avancer vers nous un homme drapé dans son poncho et fumant une ciga_rette.

— Soyez le bienvenu, colonel, ainsi que votre compagnon, dit cet individu dont la voix jeune et musicale contrastait singulièrement avec celle qui venait de nous héler l'instant d'auparavant.

— Salut, mon brave commandant, répondit le colonel, en acceptant la main qui lui était offerte ; Dieu soit loué, puisque vous voilà arrivé sans accident et avec votre cargaison en bon état, j'espère. Eh bien, le débarquement est-il avancé.

— Il est terminé, colonel, les colis sont tous à terre, et l'on n'attend plus que vos ordres pour les charger à dos de mulet. Veuillez donc me suivre. Et en parlant ainsi, il marcha en avant, en faisant un signe à la sentinelle qui nous livra passage en touchant légèrement son chapeau.

Je ne me rappelle pas, dans tout le cours de ma vie, avoir rencontré des physionomies plus sauvages, empreintes d'une énergie plus diabolique que celles des matelots de cette polacre, recrutés sur tout le littoral du Pacifique, parmi les mauvais garnements dont la justice est impuissante à réprimer les crimes. Ils étaient disséminés par groupes, les uns assis, les autres debout, et lorsque nous passâmes devant eux, précédés par leur capitaine, les hommes assis se relevèrent par respect pour la société de leur commandant, et tous nous saluèrent en portant la main à leurs chapeaux.

Les caisses étaient rangées parallèlement sur le sable ; un homme de haute taille se tenait auprès.

— Je vous présente le chef des arrieros, me dit le colonel, il doit être porteur d'un reçu de soixante caisses appartenant à votre maison, rédigé dans les mêmes termes que celui que vous aurez à me remettre vous-même.

Cet individu que je voyais pour la première fois, me présenta effectivement un reçu de ma maison, de soixante caisses fermées à clef, et numérotées de 1 à 60 avec un chiffre particulier.

Comme il n'y avait pas de temps à perdre, je m'occupai aussitôt de la vérification des caisses que j'inscrivais, à mesure qu'elles étaient chargées sur des mules qu'on amenait successivement d'un chemin creux que je n'avais pas d'abord aperçu, et qui aboutissait, comme je le sus plus tard, à une sortie de la falaise à plus de cinq lieues de l'endroit où se faisait le chargement.

Il était près de quatre heures du matin lorsque cette vérification fut arrivée à son terme. Je pris le reçu du chef des arrieros, et de mon côté j'en donnai un autre signé par moi au colonel.

— Quand espérez-vous être à Païta ? demanda-t-il avant de repartir au commandant de la polacre.

— Ce soir, selon toute probabilité, répondit ce dernier. A présent que je n'ai plus de marchandises à mon bord, la douane peut me faire sa visite quand elle voudra, elle me trouvera naviguant sur mon lest pour aller chercher du frêt à Païta.

— A ce soir donc, capitaine, ou plutôt n'essayez pas de me voir avant quelques jours, car nous devons paraitre étrangers l'un à l'autre. Allez loger chez P., vous y trouverez ce cavalier avec lequel vous ferez plus ample connaissance.

Après ces derniers mots, nous nous séparâmes, le capitaine de la polacre pour appareiller avec son équipage, le colonel et moi pour retourner à Païta, où nous arrivâmes à temps pour assister à un dernier quadrille. Les danseurs avaient à peine remarqué notre absence ; quant aux joueurs de *Monté*, que les péripéties d'une partie effrénée rendaient sourds et aveugles à tout ce qui se passait en dehors de leur tapis vert, la présence, ou l'absence de l'amphytrion, leur était chose tout-à fait indifférente.

Les fatigues et les préoccupations de la nuit furent cause que je me levai à une heure très-avancée de la matinée. Pendant mon sommeil, la goëlette de l'État ayant de nouveau signalé une polacre au large, avait aussitôt appareillé pour visiter son chargement. A cinq heures du soir, les flaneurs du môle purent voir les deux navires voguant de conserve pour entrer dans le port, et quelques moments après la *Esmeralda* mouillait son ancre en face de mon hôtel à quelques brasses de la jetée, tandis que la Vibora, plus humble, s'arrêtait en dehors, à quelque distance des grands navires mouillés au centre de la baie.

Nous venions de nous mettre à table chez le colonel, lorsque Francillo Diaz arriva quelque peu décontenancé par le mauvais résultat de sa course en mer. Il n'avait rien découvert de suspect à bord de la polacre, dont le capitaine lui avait fait les honneurs comme au commandant d'un navire de l'État, et il eut encore à subir les compliments ironiques d'Antonia sur son habileté à dépister les fraudeurs. Mercédès, toujours triste et abattue, ne se mêla guère de la conversation que pour faire quelques doux reproches à sa sœur sur sa persistance à tourmenter son cousin. Le colonel ressemblait à un homme que l'on vient de débarrasser d'un lourd fardeau, et pour la première fois peut-être il s'abstint des récriminations politiques qui étaient le texte ordinaire de ses conversations.

Je me retirai de bonne heure, et au moment où je rentrai à l'hôtel, mon posadero me présenta sous le nom de don Juan d'Arena, le capitaine d'une polacre arrivée le soir même de Buenaventura. C'était le contrebandier.

Cet individu que je n'avais fait qu'entrevoir dans une circonstance où mon attention tout entière était concentrée sur la responsabilité qui m'avait été si singulièrement imposée, me parut un tout jeune homme de vingt-deux à vingt-trois ans au plus, d'une taille à peine au-dessus de la moyenne, mais douée de ces heureuses proportions qui indiquent la vigueur autant que la souplesse. L'ensemble de ses traits n'était pas moins remarquable ; un front blanc et uni, encadré dans les boucles d'une chevelure brune qui frisait naturellement, des yeux noirs et vifs, un nez finement découpé, des lèvres un peu minces, ombragées d'une moustache naissante qui laissait entrevoir, quand il souriait, des dents bien rangées et du plus pur émail, enfin un menton hardiment accusé, constituaient par leur ensemble cette beauté physique qui naît de l'harmonie des proportions, mais repoussaient les sympathies de l'âme par l'expression sardonique et presque cruelle qui était leur caractère distinctif.

La chambre qu'il avait choisie à l'hôtel n'était séparée de la mienne que par une simple cloison. Il me pria de vouloir bien y passer quelques instants avec lui, et commanda des rafraîchissements.

Don Juan d'Arena, car tel était le nom qu'il se donnait, après s'être égayé pendant quelques moments aux dépens du commandant de la goëlette de l'État qui, au lieu de marchandises à saisir n'avait trouvé dans sa cale que du sable et des cailloux, en vint insensiblement à me parler du colonel et de ses deux filles, qu'il avait été à même de fréquenter assez assidûment, prétendait-il, à l'époque où la famille vivait exilée à Guayaquil.

Je ne sais pourquoi, mais les noms de Mercédès et d'Antonia prononcés sur le ton de la familiarité par ce jeune homme pour lequel, sans m'en rendre compte, j'éprouvais déjà un invincible éloignement, me firent l'effet d'une profanation ; et pour mettre un terme à ce sujet de conversation sur lequel il revenait sans cesse avec une complaisance qui m'irritait, je prétextai une légère indisposition pour prendre congé de lui.

Le lendemain matin, au moment où je me disposais à sortir, des pas précipités se firent entendre dans le couloir aboutissant à ma chambre. Ma porte s'ouvrit avec fracas et un homme hors d'haleine, les traits bouleversés par la terreur, s'assit, ou plutôt se laissa tomber dans un fauteuil, en essayant mais en vain, d'articuler quelques paroles. C'était mon compagnon de voyage, de Piura, le marchand de bric à brac.

— A qui diable en avez-vous, lui demandai-je assez brusquement ; vous a-t-on volé un autre cheval ? voyons, expliquez-vous.

— J'ai retrouvé l'un de mes voleurs, exclama-t-il enfin en soufflant comme un plongeur qui aurait subi une trop longue immersion : pas le Muchacho, mais l'autre, celui qui avait le grand couteau.

— Eh bien ! que vous a-t-il fait ? vous a-t-il offert de vous couper un peu la gorge ?

— Non fort heureusement, car il ne m'a pas vu, bien qu'il ait passé devant mon magasin avec des hommes de l'équipage de cette polacre qui est entrée hier. Mais aussitôt qu'il a eu le dos tourné, j'ai couru chez l'Alcade pour le prier de faire mettre mon voleur en prison jusqu'à ce qu'il m'ait rendu, ou largement payé, mon cheval et les autres articles qu'il m'a enlevés, sans compter des dommages-intérêts pour m'avoir maltraité. Et savez-vous ce que m'a répondu l'Alcade ?

— Je le saurai lorsque vous me l'aurez dit.

— Je le veux bien, m'a répondu l'Alcade, mais comme il n'y a pas d'autres preuves que votre propre témoignage, vous commencerez, s'il vous plaît, par déposer une somme de deux cents piastres à titre de garantie, tant pour les frais de procédure que pour ceux d'incarcération de l'homme que vous *accusez* de vous avoir volé ; en outre, il est de mon devoir de vous prévenir que le jour où votre individu sortira de prison, vous pourrez vous considérer comme un homme mort.

— J'en ferai serment au besoin, s'écria tout-à-coup d'Aréna en entrant à son tour dans ma chambre dont il ferma la porte derrière lui.

— *El Muchacho !* s'écria le marchand en retombant presque inanimé sur son siége. A mon secours ; je suis un homme perdu !

— Taisez-vous donc, malheureux, interrompis-je vivement, voulez-vous ameuter le public, et faire une esclandre dans cet hôtel ?

— Attendez, dit d'Aréna ; je sais un moyen sûr de le calmer. Voyons, drôle, ajouta-t-il, faisons nos comptes ; je suis tout prê à te rembourser. D'abord, pour ton cheval, je te dois soixante piastres, c'est le prix que tu l'as estimé toi-même.

— Mais, seigneur Muchacho, fit le marchand soudainement rassuré.

— Il n'y a pas de Muchacho ici, entends-tu ? et ne t'avise plus de prononcer ce nom, ou je t'enverrai Sancho. Je disais donc soixante piastres pour ton

cheval, les voilà! Maintenant, pour le reste, combien?

— Pour le reste, seigneur, c'est-à-dire...

— Oui, combien? ¡Soixante piastres te suffisent-
elles ?

— Oui, seigneur, se hâta de répondre le marchand.

— Tiens, en voilà cent ; le reste est pour t'in-
demniser de ta peur. Maintenant pars, et si tu
souffles encore un seul mot de cette affaire, ton
compte est fait.

Le marchand avait à peine entendu la fin de cette
recommandation, et s'était sauvé avec son argent.

— Seigneur français, continua d'Aréna, je vous
dois une explication sur ce qui vient de se passer.
Il y a quelques mois de cela, Sancho s'était fait
mettre en prison pour une fredaine ; la justice ré-
clamait soixante piastres pour le relâcher, et malheureusement je me trouvais sans argent. Le colonel, qui aurait pu m'aider, était absent de Païta,
et n'osant réclamer un pareil service de personne, je
me décidai à mettre en vente un cheval auquel je
tenais beaucoup. Ce bribon qui sort d'ici fut le seul
acquéreur qui se présenta, et le croiriez-vous? con-
naissant l'embarras où je me trouvais, il n'eut pas
honte de m'offrir soixante piastres d'un cheval qui
en valait plus de quatre cents. Je fus forcé d'en
passer par-là ; mais sa ladrerie ne lui profita pas,

et, le lendemain, je parvins à lui reprendre mon cheval, en le débarrassant, par mesure de précaution, de tout un arsenal qu'il portait avec lui. Je ne dois pas oublier non plus la petite correction que j'ai cru devoir lui infliger en guise de leçon, sous le pseudonyme du *Muchacho*, pour qu'il n'en perdît pas le souvenir. A présent, nous sommes quittes, et je ne suppose pas qu'il veuille désormais jouer au plus fin avec moi.

J'eus la patience d'écouter jusqu'au bout ce simulacre de justification qui n'eut pas, à beaucoup près, satisfait une conscience moins timorée que la mienne. Je m'abstins néanmoins de manifester mon opinion dans ce sens, me contentant de répondre à d'Aréna qu'il avait bien fait de se débarrasser de cette mauvaise affaire.

Le colonel ayant appris ce jour-là qu'il venait d'arriver en rade une polacre qui cherchait du frêt pour un point quelconque de la côte, annonça à tout le monde qu'il affréterait probablement ce navire jusqu'à *realejo* ou *San Juan del sul*, pour y transporter des denrées du pays. Personne ne fut donc étonné de le voir entrer en rapports journaliers avec le capitaine d'Aréna, qui venait même assez souvent prendre ses repas à sa table. Quant à moi, qui naguère avais joué, de concert avec eux, le rôle de contrebandier, sans préméditation, il est vrai, et

avec un concours de circonstances atténuantes, je
me promis, une fois pour toutes, d'y regarder à
deux fois, avant de me fourvoyer dans un pareil
guépier, me contentant d'assister, sans avoir l'air
d'y rien comprendre, à la scène jouée par ces deux
habiles comédiens.

Diaz continuait à venir tous les jours, mais je ne
m'apercevais pas qu'il fît des progrès dans la faveur
d'Antonia. Il en paraissait d'autant plus mortifié
que d'Aréna semblait s'être constitué ouvertement
son rival, et que ses prévenances étaient très-bien
accueillies par la jeune fille.

Personne ne semblait s'occuper de Mercédès, qui
dépérissait lentement sous une peine secrète qu'elle
cherchait vainement à cacher. Pauvre jeune fille !
au lieu de présider, comme autrefois, aux repas de
la famille, elle passait presque toutes ses journées
enfermée dans sa chambre, sous le poids d'un abat-
tement qui prenait, peu à peu, le caractère d'une
maladie de langueur.

Le séjour de Païta commençait à me devenir in-
supportable, et j'attendais avec impatience le retour
du *Relampago* qui devait me ramener par escales à
Lima. Pour me distraire, je me rendais quelquefois
à *Viviate*, hameau de quelques feux situé sur le bord
d'une belle rivière et à proximité des grandes forêts
qui s'étendent jusqu'aux pieds des Cordillères ; mon

temps s'y passait en parties de chasse avec un métis de race espagnole appelé Santos, Nemrod déterminé, qui, bien que marié et père de deux petites filles, passait les deux tiers de sa vie au milieu des bois. Mes exploits cynégétiques se bornaient ordinairement au meurtre de quelques écureuils gris, qui sont un excellent manger, de hoccos à capsule noire, et d'une espèce de grives à grosse tête et à longues pattes dont le plumage ressemble beaucoup à celui de nos plu-viers d'Europe. Santos se montrait plus difficile dans le choix de son gibier, et nous revînmes un soir avec un énorme pécari qu'il avait trouvé écarté de sa phalange, et auquel il avait planté une balle entre les deux yeux.

Une lettre en franco-anglo-espagnol de mon maître d'hôtel, confiée à un arriero, vint enfin m'apprendre l'arrivée du *Relampago*, avec un post-scriptum que je ne pus venir à bout de déchiffrer.

Le lendemain j'étais à cheval à quatre heures du matin, et avant huit heures, du haut des falaises qui surplombent Païta, je pus reconnaître le *Relampago* mouillé à quelques brasses du môle et se laissant doucement balancer sur la vague, comme un enfant dans son berceau. Je jetai les yeux du côté où j'avais laissé mouillée la *Vibora*, mais la polacre avait disparu ainsi que la goëlette de l'Etat.

En mettant pied à terre, mon maître d'hôtel, dont la physionomie avait emprunté un air de gravité presque solennel, vint me serrer la main, et me dit: Je vois que vous avez lu mon post-scriptum, car vous ne vous êtes pas fait attendre.

— Mon cher hôte, lui répondis-je, ne m'en veuillez pas de ma franchise ; votre post-scriptum est précisément la seule partie de votre lettre que je n'ai pas pu déchiffrer ; mais à présent que nous pouvons causer ensemble autrement que par correspondance, vous allez m'en donner l'explication.

— Cette explication , reprit mon compatriote , peut-être un peu froissé de mon inhabileté à deviner ses énigmes, vous l'aurez plus complète encore en allant chez le colonel.

— Il y a donc du nouveau ? répliquai-je ; votre air mystérieux me l'annonce, et que sont devenues, dites-moi, la polacre et la *Esmeralda* que j'ai laissées mouillées dans le port.

— Allez chez le colonel, répéta mon maître d'hôtel, avec cet entêtement qui n'appartient qu'aux bas normands, vous saurez tout.

Je le plantai là et je courus jusqu'à la maison du colonel. Sur le seuil de la porte d'entrée se tenait Marianina, la petite Indienne, le visage noyé de larmes, et ne pouvant contenir ses sanglots.

— Quel malheur est-il donc arrivé ? m'écriai-je,

en lui saisissant les deux bras, vite ! réponds-moi, où est le colonel ?

— *Arriba* (en haut).

— Mercédès ?

— *Se muere* (se meurt).

— Antonia ?

— *Se fue* (est partie).

En deux bonds j'eus franchi l'escalier et ouvert la porte du salon. Mercédès, étendue sur une causeuse, blanche comme un lys, les paupières fermées, n'entendait plus la voix de son père, qui cherchait vainement à la ranimer. Une vieille Indienne, nourrice de Mercédès, baignait de larmes ses mains glacées.

— Vous voyez le plus malheureux des pères, me dit le colonel ; une de mes filles m'a abandonné, l'autre vient de rendre son âme aux anges qui la lui avaient prêtée, que Dieu ait pitié de moi !

Je pris une des mains encore moites de Mercédès, et j'y déposai une larme et un baiser.

— Antonia n'est pas partie pour toujours, elle vous sera rendue, dis-je au colonel.

— Oui, quand l'enfer rendra les âmes qu'il a gagnées au ciel, répondit-il. L'homme auquel Antonia s'est donnée est pire qu'un démon, c'est d'Aréna, ou pour lui restituer son véritable nom, *el Muchacho !*

A cette révélation tardive, il me vint une parole cruelle sur les lèvres, mais je me trouvai sans énergie contre ce désespoir si profond, et je m'enfuis, me sentant près de succomber moi-même devant ce déchirant spectacle.

En sortant de la maison du colonel pour rentrer à ma posade, je trouvai la rue envahie par une foule compacte qui se dirigeait en courant vers le môle. La cause de ce rassemblement me fut bientôt révélée. A l'entrée de la rade apparaissait un navire aux voiles déchirées, et portant son pavillon en berne, en signe de deuil. Je le reconnus aussitôt. C'était la *Esmeralda*. On eût dit un soldat blessé, revenant du champ de bataille. Les canots du port se trouvèrent presque au même instant encombrés de marins, et une flotille d'embarcations de toutes espèces s'élança en faisant force de rames, au-devant de la goëlette désemparée, dont chaque manœuvre s'exécutait avec autant de lenteur que d'indécision.

Toute la population attendait avec une fiévreuse anxiété. On voyait les nouveaux venus s'élancer aux agrés, assujettir les vergues, orienter les voiles. Ce convoi se remit enfin en marche, et la goëlette, après avoir décrit un petit nombre de bordées, laissa tomber son ancre à quelques brasses du môle. Quel triste spectacle offrait en ce moment ce petit navire que j'avais vu si coquettement paré, si fier de représenter à lui seul la puissance maritime d'une république. Ses pavois de bastingage défoncés, comme si un ouragan de fer eût passé à travers, laissaient à découvert le pont, où une demi-douzaine de cadavre étaient symétriquement rangés côte à côte ; les haubans et les écoutes coupés en lanières pendaient le long du bord, et des taches d'un rouge sombre se profilaient en lugubres silhouettes sur la base des mâts.

Un moment après, des hommes que l'on avait vus descendre dans la chambre, reparurent au haut de l'escalier, soutenant entre leurs bras un objet enveloppé dans le pavillon national.

Cet objet déposé avec précaution dans le canot major fut aussitôt transporté à terre, et déposé sur une table dans la salle basse de mon hôtel. Le pavillon fut enlevé, et, comme tous les assistants, je reconnus avec horreur le pâle visage de Francillo, dont une balle avait traversé le front. Il portait encore les insignes de son grade, et un sourire dédaigneux semblait errer sur ses lèvres glacées par la mort. Pauvre garçon ! il avait été brusquement rayé du grand livre, avant d'avoir eu le temps de payer sa dette à la vie. Je me bornai à plaindre sa destinée. Quant à cette douleur qui survit à la tombe, je l'avais toute entière concentrée sur Mercédès, la sainte et noble créature que son indifférence avait tuée.

Jusques-là, je n'avais pu constater qu'une série de catastrophes sans en connaître l'enchaînement. Ce fut encore mon maître d'hôtel qui me tira de peine. Froissé dans ses prétentions de polyglotte, il n'attendait qu'une occasion pour se réhabiliter à mes yeux par un récit digne de celui de Théramène, et si je me permets d'abréger son monologue, c'est pour ne pas mettre à bout la patience du lecteur.

Deux jours avant mon arrivée à Païta, Antonia avait disparu du domicile paternel, en laissant une lettre dans laquelle elle annonçait à son père qu'elle partait avec Don Juan d'Arena, auquel elle avait depuis longtemps engagé sa foi, et qu'il ne la reverrait que lorsqu'il aurait donné son consentement à cette union. A la lecture de cette lettre, le colonel, exaspéré par la douleur et l'indignation, avait couru au port pour s'opposer au départ du ravisseur, s'il en était temps encore, sans s'occuper de Mercédès, que cette affreuse nouvelle avait frappée d'un coup mortel.

Mais la *Vibora* avait appareillé pendant la nuit, sans que personne l'eût vue quitter son mouillage, le colonel se rendit aussitôt à bord de la *Esmeralda*, où son neveu s'apprêtait à descendre à terre. On conçoit la fureur du jeune officier lorsqu'il apprit l'évènement qui brisait toutes ses espérances. Sa première parole au sortir de l'anéantissement morne où l'avait plongé cette fatale nouvelle, fut un appel à son équipage pour que le bâtiment fut à l'instant mis en état d'appareiller. Sa voix était brève et menaçante, pourtant chacun de ses ordres fut donné avec clarté , et l'équipage répondit avec autant de promptitude que de zèle à la volonté de son chef.

Dans les petites localités, comme Païta, les nouvelles se répandent avec une rapidité électrique, et l'enlèvement d'Antonia fut bientôt connu de toute la population. La famille du colonel était généralement aimée. Personne ne fut donc surpris de voir l'empressement des marins du port à se joindre à l'équipage de la *Esméralda* pour concourir à la poursuite des fugitifs. Malheureusement parmi tous ces hommes de bonne volonté, il n'y en eut pas un seul qui put donner des renseignements sur l'heure du départ de la *Vibora,* et la direction qu'elle avait prise. L'opinion générale était pourtant qu'elle avait dû se diriger vers le nord pour gagner quelque port de l'équateur.

Le colonel voulait partir avec son neveu à la recherche de sa fille, mais au moment où la goëlette de l'Etat allait mettre à la voile, on vint lui annoncer que Mercédès était à toute extrémité. Le cœur du vieux soldat déjà si cruellement éprouvé ne résista pas à cet appel de sa fille bien-aimée, de celle qui n'avait jamais cessé d'être l'ange tutélaire de son foyer. Il se hâta donc de quitter son neveu en le conjurant de ne pas rentrer au port sans la fugitive, et surtout sans avoir vengé l'honneur de la famille.

Le colonel n'avait pas encore mis pied à terre, que la Esméralda, toutes ses voiles bordées, s'élançait dans le vent, maintenant son cap ouest-nord-ouest. Malgré cette allure désavantageuse, le petit bâtiment couché sur sa hanche de tribord, filait encore six nœuds au plus près du vent.

Au moment de doubler la pointe nord du port de Païta, la vigie placée dans la hune signala un navire courant à contre bord. Le capitaine braqua sa longue vue sur le navire en vue, et reconnut un brick qui louvoyait pour entrer dans le port. L'ordre fut donné de hisser le pavillon de l'État, en l'assurant d'un coup de canon, pour indiquer au navire qu'il eût à mettre en panne. Cet ordre reçut une prompte exécution.

Le nom de *Rélampago* était inscrit en lettres blanches sous le beaupré du brick. Lorsque les deux navires se trouvèrent à portée de voix, le capitaine de la goëlette demanda à celui du brick s'il avait rencontré une polacre sur sa route.

— Le cap Nord-ouest, un quart ouest, répondit à travers son porte-voix don Pascual, répétant mot pour mot ce que lui soufflait Marguery ; elle était encore en vue à sept heures du matin.

— Ils espèrent gagner les îles *Galapagos,* s'écria Diaz, mais je les aurai rattrapés quarante-huit heures auparavant. Merci, ajouta-t-il, et il fit signe au brick de continuer sa route.

Quatre heures s'étaient à peine écoulées depuis cette rencontre, lorsque le matelot en vigie signala au vent un navire marchant sous la même allure que la goëlette. Le capitaine Diaz ordonna à cet homme de descendre pour monter à sa place, et après avoir examiné pendant quelques instants l'horizon à l'aide de sa lunette, il s'écria :

— La polacre !

Cette nouvelle causa un enthousiasme général.

— Hourra pour le capitaine Diaz ! hourra pour *la Esmeralda !* cria d'une seule voix l'équipage auquel il fut aussitôt distribué une double ration d'*aguardiente.* Le capitaine, en même temps, fit ouvrir sur le pont les caisses d'armes et ordonna une distribution de fusils, de pistolets et de haches d'abordage.

Une nouvelle heure s'écoula, et déjà la distance qui séparait la goëlette du navire en chasse était considérablement diminuée. Quoique bonne voilière *la Vibora* avait de la peine à se maintenir au plus près du vent, et il devenait évident qu'elle ne pourrait soutenir longtemps cette lutte inégale.

De son côté, le commandant de la polacre acquit probablement la même conviction, car ses voiles tendues presque parallèlement à ses haubans, prirent tout-à-coup une position moins oblique, la barre fut mise droite, et le petit navire obéissant avec promptitude à cette nouvelle influence, s'élança brusquement dans le nord.

Mais ce changement de direction ne devait pas la sauver, la goëlette, dont le grand largue était l'allure la plus rapide, fit subir le même changement à sa voilure, et courut de nouveau sur les traces de son ennemi avec la vitesse d'un cheval de course.

On distinguait alors toutes les parties de la *Vibora*; il n'y avait pas plus de trois ou quatre hommes sur le pont, et l'on eût pu croire à une simple joute de vitesse entre les deux navires, si *la Esmeralda* n'eût tiré un coup à poudre de sa couleuvrine, en hissant son pavillon de guerre. Mais *la Vibora* n'eût pas l'air d'avoir compris le signal, et continua sa course comme auparavant.

Le capitaine de la goëlette fit alors charger la couleuvrine à boulet, il la pointa lui-même, et un canonnier mit le feu. Tout le monde était attentif au résultat. Il ne se fit pas attendre une des hautes voiles de *la Vibora* déralinguée de sa vergue, se mit à clapoter au vent, et au même instant ce navire lui-même, comme s'il eût obéi à sa propre impulsion, se mit en travers pour attendre la goëlette.

Tout le monde avait les yeux fixés sur le pont de la Vibora. Dans ce moment un homme s'élança sur la lice de bastingage ; Diaz le reconnut, c'était d'Aréna ; il attendit que la goëlette ne fut plus qu'à quelques brasses de son navire, et ôtant son petit chapeau de paille qui laissa flotter ses cheveux noirs autour de son front pâle et toujours calme, il s'écria :

— *Que quieren ustedes, amigos ? Estan en guerra los Peruanos para que tiren sobre sus mismos compatriotas !* (Que demandez-vous, mes amis, les Péruviens se font-ils la guerre entre eux, pour tirer ainsi sur leurs compatriotes !)

Mais il fut interrompu par Diaz, debout sur la lice de *la Esmeralda*, qui lui cria: *Defiende tu vida, traidor, si eres un hombre,* (défends ta vie, traître, si tu es un homme).

Un sourire de mépris se dessina sur les lèvres du contrebandier ; il étendit le bras, et au même instant un sabord de la polacre démasqua, en s'ouvrant, une caronade qui vomit sur la goëlette une grêle de mitraille. Cette décharge, faite presque à bout portant, produisit un effet terrible, et fit tomber cinq ou six hommes sur le pont.

— Feu sur ces misérables, cria Francillo, mais sa voix fut couverte par la décharge simultanée d'une vingtaine de tromblons qui fit voler en éclats ses panneaux de bastingage, en frappant de nouvelles victimes. Le jeune commandant lui-même fut atteint d'une balle au milieu du front, et tomba pour ne plus se relever.

Un lugubre silence qui n'était interrompu que par les plaintes des blessés succéda à cette seconde décharge, mais à bord de la *Vibora*, la voix ferme et accentuée de son capitaine se fit entendre de nouveau, et l'instant d'après ce bâtiment reprit sa course, laissant derrière lui la Esméralda, presque complétement désemparée, avec son commandant étendu sans vie sur le pont, et la moitié de son équipage tué ou blessé.

IV

L'EXPIATION

Trois mois s'étaient écoulés depuis les événements que je viens de décrire, et de retour à Lima, j'attendais le départ d'un bâtiment pour l'isthme d'où je comptais me rembarquer pour la France, lorsqu'une après-dînée que je me promenais au milieu des riants bosquets qui bordent le Rimac, je me trouvai en face du petit capitaine du *Relampago*; nous échangeâmes une cordiale poignée de main, et après quelques mots de conversation, il m'apprit que son brick devait remettre à la voile huit jours après.

— Et où allez-vous? lui demandai-je.

— Encore à Guayaquil et de là à Panama.

— Devez-vous encore relâcher à Païta?

— Pas cette fois-ci, car nous sommes directement affrêtés pour Guayaquil où nous ne resterons que deux ou trois semaines, le temps de décharger notre cargaison pour nous rendre ensuite à Panama, où nous attend un frêt de retour pour le callao.

— S'il en est ainsi, faites préparer mon ancienne cabine, si toutefois elle est libre. Je pars avec vous.

Le brave homme me témoigna toute sa joie de m'avoir pour la troisième fois passager à son bord, et nous nous séparâmes en nous donnant rendez-vous au Callao à huit jours de là.

Je fus exact au jour et à l'heure, et le lieutenant Marguery, qui avait résilié ses fonctions de maître voilier pour les donner à un de ses compatriotes de la Ciotat, me fit les honneurs de mon ancien logement. Le neuvième jour de notre départ du Callao, au lever du soleil, le *Relampago* se trouvait à l'entrée du golfe de Guayaquil par le travers de la petite île de La-Puna, pavoisée de verdoyants bosquets au milieu desquels on aperçoit de rustiques habitations. Quelques heures après nous remontions une des plus belles rivières du monde, entre une double haie de forêts majestueuses qui s'étendent au loin dans une vaste plaine dominée à l'est par la cordillère des Andes, dont le Chimborazo est le point culminant, et à cinq heures notre brick laissait tomber son ancre devant un port naturel, derrière lequel s'éparpillent les maisons de la ville de Guayaquil, avec leurs balcons en saillie et leurs stores aux vives couleurs.

Au lieu de descendre à l'hôtel, je m'en fus droit à la maison de M. L. dont le neveu était de mes amis. L'accueil gracieux qui me fut fait par cette famille aussi riche qu'hospitalière, me mit dans l'impossibilité de chercher ailleurs le gîte et la table pour tout le temps que le Relampago devait mettre à son déchargement.

Ma résignation, en acceptant cette douce violence était peu méritoire, je dois l'avouer. La maison de M. L. est des plus agréablement située, car elle domine à la fois la place principale et le quai ; sa table était servie avec une rare somptuosité, et il recevait chez lui la meilleure société de la ville et des environs.

Je fus bientôt au courant des nouvelles du jour. On s'occupait beaucoup alors d'un évènement qui avait produit une grande perturbation parmi les habitants de la ville. Un pirate, ou contrebandier, peut-être même l'un et l'autre à la fois, avait quelques nuits auparavant incendié la prison de la ville, afin de délivrer une douzaine de coquins de sa bande, dont on était parvenu à s'emparer, et as sassiné l'Alcade au moment où il accourait, à la tête de la force armée, pour empêcher les prisonniers de s'évader à la faveur du tumulte. Ce grave évènement était en ce moment le sujet de toutes les conservations, et chacun attendait avec impatience le jour fixé pour l'exécution du condamné.

Le spectacle d'une exécution capitale m'a toujours vivement répugné, et bien qu'il ait le privilége d'exciter à un haut degré la curiosité de la plus belle partie du genre humain, j'avoue pour ma part, qu'après y avoir assisté quelquefois par nécessité, et dans des circonstances exceptionnelles, je m'en suis toujours tenu éloigné le plus possible.

Cette fois pourtant il fallut, sous peine de passer dans l'opinion de ces dames pour un homme de mauvais goût, assister au supplice d'un mécréant, justement condamné, je l'admets, pour avoir fait mourir un haut fonctionnaire, mais qui n'était pas dépourvu de certaines qualités sympathiques, témoin son acharnement à délivrer ses compagnons.

L'exécution devait avoir lieu à midi. Dès le matin, la place était encombrée de curieux ; on eut dit un océan de têtes ondulant au souffle de la brise. Au dernier coup de douze heures, les balcons et les fenêtres se pavoisèrent à leur tour de spectateurs des

deux sexes appartenant presque exclusivement à la
race blanche.

Chez M. L... on se leva brusquement de table à
un signal, et la maîtresse de la maison m'offrit
gracieusement une place à côté d'elle sous la veran-
dah.

Nous y étions à peine depuis quelques minutes,
qu'un sourd murmure s'éleva de la place et du quai
où l'on apercevait les vergues des bâtiments au mouillage chargées de matelots, et d'une rue qui formait
l'angle de la maison, je vis déboucher une procession de pénitents noirs, la tête couverte d'un capuchon percé de deux ouvertures à la hauteur des
yeux, et précédés par un porte-croix. Un tambour
couvert d'un crêpe ouvrait la marche. Puis venait
le coupable (el Réo) habillé d'une blouse en laine
noire et les mains attachées par devant. Il était
monté sur un mauvais cheval, ayant à sa droite le
bourreau qui le tenait par un coin de sa blouse, et
à sa gauche un prêtre enveloppé dans un vaste
manteau. Une douzaine de prêtres couverts de leurs
surplis venaient à la suite, et un piquet de cavalerie
fermait la marche. Ce cortége funèbre s'avançait
avec une solennelle lenteur, en récitant les psaumes
de la pénitence, tandis que la foule s'écartait de
son passage en multipliant les signes de croix.

La curiosité chez moi eut un moment le dessus,

6.

je l'avoue, et je me penchai en dehors de la balus-
trade pour mieux voir le prisonnier qui se laissait
conduire par sa monture, la tête droite, et jetant
autour de lui des regards indifférents ; mais que
devins-je, en reconnaissant dans cet homme dont la
dernière heure allait sonner, don Juan d'Aréna, le
contrebandier, le ravisseur d'Antonia, ou pour
mieux dire, le salteador si redouté, *el Muchacho* ?
Je me rejetai vivement en arrière, mais nos yeux
avaient eu le temps de se rencontrer, et dans les
siens j'avais cru lire cette expression sardonique
dont le souvenir ne m'avait jamais quitté.

— Qu'avez-vous donc? me demanda la maîtresse
de la maison, restée à mes côtés, et qui dut s'apercevoir de ma pâleur. Seriez-vous malade, et avez-
vous besoin de quelque chose ?

Je la remerciai, en lui avouant que la vue de cet
homme, jeune et plein de vie, qui allait subir une
mort ignominieuse, m'avait ému malgré moi.

— Oh ! il n'est pas digne de votre pitié, répli-
qua-t-elle ; c'est un scélérat de la plus dangereuse
espèce, qui a tué notre alcade, le meilleur danseur
de la ville. Mais regardez donc, le voilà qui monte
sur l'échafaud.

El Muchacho, effectivement, gravissait en ce moment les degrés d'une espèce de plate-forme sur-
montée d'un poteau, entre son confesseur et le

bourreau, qui le soutenaient, car on venait de lui couvrir la figure d'un capuchon noir.

Lorsqu'il eut franchi les degrés, on le fit asseoir sur une sellette adossée au poteau, et on lui passa autour du cou un collier de fer dont la brisure correspondait par derrière le poteau à un levier tenu par l'exécuteur des hautes œuvres, qui était un nègre athlétique nu jusqu'à la ceinture.

Un profond silence planait en ce moment au-dessus de la multitude, et nous permettait d'entendre la voix du prêtre debout sur la plate-forme, en face du condamné, et lisant les prières des agonisants dans un livre qu'il tenait à la main.

Tous les regards étaient fixés sur ce groupe qui semblait réaliser l'allégorie du pécheur, placé entre son bon ange et le démon. Moi-même j'aurais vainement essayé de détacher mes yeux de cet homme dont je m'étais trouvé malgré moi le complice, et qui avait jeté un si grand trouble dans mon existence, et je suivais avec une curiosité fiévreuse toutes les phases de ce drame, lorsque tout-à-coup le prêtre ferma son livre, et au même instant retentit un sourd craquement. C'était le bourreau qui, en pesant sur le levier, venait de briser le cou du patient dans son cercle de fer.

Dans ce moment, un cri terrible se fit entendre au-dessus du murmure de la foule, et une femme

échevelée se précipita à travers cette masse compacte
qu'elle perçait avec une force irrésistible. Arrivée
au pied de l'échafaud, elle voulut en franchir les
degrés, mais elle s'arrêta tout-à-coup, comme frappée d'immobilité; un flot de sang avait jailli de la
bouche du condamné et coulait le long de sa poitrine. A cette vue, la femme leva les bras au ciel,
comme pour en appeler de la sentence des hommes
à la miséricorde de Dieu, et retomba inanimée sur
le sol. Je l'avais reconnue à son tour.

C'était Antonia.

LES ILES AUX PERLES

LES ILES AUX PERLES

Parti du Callao à bord du brick péruvien *Relam-pago,* frété pour Guayaquil d'où il devait se rendre à Panama afin d'y prendre un chargement de retour pour le Pérou, j'attendais, sans trop d'impatience, que ce navire eût terminé son déchargement au molécon le long duquel il était amarré; car, il faut bien le dire, le temps se passait fort agréablement pour moi dans cette seconde capitale de l'Équateur, où mon titre de Français *sans profession* et surtout la haute faveur dont jouissait la maison de commerce par laquelle j'étais patronné, m'avaient fait ouvrir toutes les portes.

Quinze jours s'étaient écoulés, sans que je les eusse comptés, en promenades à cheval, en soirées dansantes et musicales, en causeries familières avec des femmes charmantes, douées de beaucoup d'es-

prit naturel et de cette teinte de poésie native qui
est l'un des plus séduisants apanages du beau sexe
équatorial, qu'un soleil énervant condamne, par
compensation, à l'inertie corporelle et à l'oisiveté,
lorsque, le matin du onzième jour, je reçus la visite
fort inattendue du capitaine du *Relampago* suivi de
son ombre, c'est-à-dire de Marguery. Le petit capitaine, dont le visage joufflu exprimait habituellement l'insouciance et la bonne humeur, trahissait,
au moment où il me tendit la main, un sentiment
de contrariété et presque d'humiliation tout-à-fait
inusité; de son autre main, il tordait convulsive-
ment son panama, comme s'il eût essayé d'en ex-
traire un aveu pénible dont son étroit cerveau lui
refusait l'expression.

— Qu'y a-t-il donc, seigneur don Pascual? lui
demandai-je après un échange mutuel de civilités;
votre physionomie est au vent debout; auriez-vous
éprouvé quelque contrariété?

— Excellentissime seigneur, balbutia le petit
homme, j'ai la douleur de vous annoncer.... et il
s'arrêta court, en jetant un regard de détresse sur
son Pylade.

— Mon cher, mon brave compatriote, continua
celui-ci avec son accent de la Cannebière, vous
voyez deux hommes désolés, le capitaine, et moi
surtout : Le *Relampago* ne va plus à Panama, il re-

tourne directement au Pérou avec un chargement qu'on est venu nous offrir ce matin même. Dans l'intérêt de nos armateurs nous avons dû l'accepter sans hésitation. Notre seul regret est de vous laisser ici, et don Pascual en est tellement mortifié, qu'il est incapable, comme vous le voyez, de vous exprimer tout le chagrin qu'il en éprouve.

— Si vous n'avez pas d'autre sujet d'affliction, vous pouvez vous consoler, répondis-je à mes deux interlocuteurs ; un brick anglais, en chargement au môle, se dispose à appareiller pour Panama, on me l'a encore affirmé hier au soir ; j'y serai certainement moins bien qu'avec vous, mais un voyage de huit ou dix jours, même en compagnie d'Anglais, n'a pas trop de quoi m'effrayer. Je vous félicite donc bien sincèrement d'avoir trouvé une pareille aubaine pour votre bâtiment.

Il n'y avait pas de temps à perdre ; ma bourse avait subi de trop rudes atteintes pour me permettre de prendre passage à bord de l'un des steamers de la compagnie anglaise, qui transportent, deux fois par mois, les voyageurs de Panama à Valparaíso, et *vice versa*, en faisant escale à tous les ports intermédiaires. Je fus donc trouver à son hôtel le capitaine W..., commandant du *Tryphena*, brick de deux cent vingt tonneaux. C'était un jeune homme de vingt-huit à trente ans, de physionomie peu avenante, mais doué de formes excessivement polies et d'une splendide chevelure d'un rouge ardent. Nous fûmes bientôt d'accord : il exigeait vingt-cinq piastres fortes pour le coucher et la table. Je m'empressai de souscrire à cette proposition, qui me parut fort modérée, et il me donna un reçu de cette somme, que je lui comptai avant de le quitter. Le *Tryphena* devait appareiller le surlendemain, à six heures du matin. J'étais tellement satisfait de mon marché, que je n'eus pas même l'idée d'aller voir les emménagements du navire et de m'informer de la nature de son chargement. Ce fut une faute.

. La veille de mon départ, je fis mes adieux à la famille L., qui m'avait si gracieusement hébergé pendant mon séjour à Guayaquil, et le lendemain matin, un peu avant six heures, je me dirigeai vers l'endroit où était amarré le *Tryphena*, suivi d'un domestique qui portait mon mince bagage, plus une caisse contenant des cigares et quelques bouteilles de rhum, attention délicate de l'aimable famille dont je quittais pour toujours la demeure hospitalière.

En arrivant au môle, un spectacle inattendu me fit écarquiller les yeux. Le pont du *Tryphena* était occupé, de l'avant à l'arrière, par un troupeau de moutons serrés les uns contre les autres. Un espace des plus restreint, circonscrit par une cloison en

planches, avait été ménagé à l'arrière, sans doute
pour mettre la chambre à l'abri d'une invasion de
ces mammifères et permettre au timonnier de manœuvrer sa barre. Un examen plus attentif me fit
reconnaître, l'instant d'après, que la race ovine
n'était pas toute seule en possession du pont. Une
vingtaine de porcs étaient parqués sur l'avant du
brick, et la chaloupe, encastrée sur les drômes entre
le mât de misaine et le grand mât, était surchargée
de cages occupées par une collection variée de vola-
tiles de basse-cour. Rien n'y manquait; on eût dit
une arche de Noé, approvisionnée en vue d'un nouveau déluge.

Le panneau de l'échelle ayant été fermé pour empêcher les prisonniers de tenter quelque escapade,
qui les eût mis en rapport trop intime avec les caïmans dont la rivière foisonne, je fus obligé d'enjam-
ber la lice, à l'aide du capitaine qui était parvenu à
se faire jour à travers les moutons.

— Soyez le bien venu, me dit-il en me serrant la
main, pendant qu'un matelot s'emparait de mon
bagage et de ma caisse, votre cabine est libre, vous
pouvez vous y installer sans perdre de temps.

Je fis comme le capitaine; je traversai l'armée de
moutons, en leur marchant sur les pieds, et j'ar-
rivai à l'escalier de la chambre, planté aussi verti-
calement que l'échelle d'un grenier à foin. Le

mousse, un jeune drôle de quatorze à quinze ans, se présenta au capot pour prendre mes effets. A mon tour, j'entrepris la descente; mais, au troisième échelon, le pied me manqua, et je fis mon entrée dans la chambre les jambes en l'air et la tête en bas. Le gamin se mit à rire aux éclats, en se serrant les flancs. Je l'aurais volontiers remercié par une taloche ou un coup de botte dans la partie la plus développée de son pantalon, mais je me retins, pour ne pas troubler, dès le premier jour, une harmonie qu'il était de mon intérêt de conserver intacte jusqu'au moment de notre séparation.

La chambre du *Tryphena* pouvait bien avoir huit pieds carrés, pas un pouce de plus, je venais de la mesurer; sous l'escalier se trouvait la cuisine, une vraie niche à chiens; à droite, un buffet; au fond, deux placards, dont celui de tribord, de droite, si vous l'aimez mieux, servait de couchette au capitaine; celui de bâbord, ou de gauche, m'avait été assigné pour logement; une table couverte d'une toile cirée, occupait le centre. L'aspect de cet ensemble n'offrait rien de confortable, mais à bord d'un navire de deux cent vingt tonneaux, anglais surtout, il faut être sobre de délicatesses. Et puis, le voisinage de tant de moutons et de volailles me donnait à réfléchir. Une bonne table, me disais-je à part moi, fait passer sur bien des inconvénients secondaires; la couche la plus moelleuse ne compense pas un mauvais repas. J'entrevoyais déjà le moment où mon expérience culinaire me vaudrait les témoignages les plus éclatants de la satisfaction du capitaine. C'était encore une illusion.

Mon bagage une fois encastré dans une espèce d e de soupente. je remontai sur le pont. Le *Tryphena* descendait la rivière, toutes ses voiles serrées, moins le petit foc, car nous avions pour nous le jusant, avec une légère brise du sud. Les eaux du Guayaquil sont bourbeuses, mais ses rives sont admirables de végétation. De chaque côté s'étendent des forêts vierges, scindées par des palus au milieu desquels se dressent des touffes de bambous à la pointe effilée et hauts comme des mâts de navire. Derrière ce rideau verdoyant apparaissent, dispersés par groupes isolés, des palmistes gigantesques, au tronc lisse et surmonté d'une aigrette de longues feuilles qui flottent au gré du vent.

Accoudé sur le bastingage, à l'ombre de mon chapeau de Panama, j'admirais ces magnificences de la nature, tout en donnant de temps à autre un coup d'œil à la salle à manger, où le mousse s'occupait à frotter les marches de l'escalier; cette opération terminée, du même torchon il se mit à essuyer la toile cirée de la table. Ce torchon était des plus malpropre; mais le mousse lui-même l'était au moins autant; encore un bon avis à donner au capitaine, me dis-je *in petto*.

Au coup de onze heures le branle fut donné à une petite cloche; c'était le signal du déjeuner. Le capitaine, en train de faire un arrimage, suspendit aussitôt son travail, et me pria très-poliment de vouloir bien descendre avec lui dans la salle. Je le suivis, en ayant soin de me tenir à la rampe. Au milieu de la table, sur un plat ébréché, se prélassait un morceau de bœuf salé, irisé de toutes les couleurs de l'arc-en-ciel et flanqué de deux assiettées de patates douces et de bananes cuites à l'eau; des amas de biscuit de mer concassé remplissaient les intervalles. Le capitaine, avant de se mettre à table, promena dans sa chevelure flamboyante un démêloir de taille à ratisser les allées d'un jardin, et négligea de faire subir à ses mains une ablution dont elles avaient grand besoin. Dans cet intervalle étaient arrivés deux *chacareros* (fermiers), propriétaires du bétail qui piétinait au-dessus de nos têtes, et le maître d'équipage, un vieux marin borgne, que le capitaine me présenta sous le nom de Master Balfour.

Tout le monde se jeta sur le bœuf salé, auquel je touchai du bout des dents, en raison de mon antipathie pour le bleu, quelle que soit sa nuance; en revanche, je remplis mon assiette de patates et de

bananes, dont l'origine n'avait rien de suspect, et
je pris dans le tas quelques fragments de biscuit de
mer. Au moment de porter à ma bouche l'un de ces
fragments, je surpris, incrusté dans la pâte, un
insecte à ventre aplati, de couleur pâle, assez semblable à une punaise atrophiée. Je rejetai ce morceau et j'en pris un autre ; nouvelle surprise: un
puceron tout grouillant s'offrit à mes yeux. Saisi
d'effroi à cette découverte, je regardai mes collabo-
rateurs, y compris le capitaine ; chacun d'eux ex-
pédiait sa provende avec une assurance et une
gloutonnerie capables de révolter les susceptibilités
gastronomiques d'un Chinois. Il fallait en prendre son parti ; une observation de ma part eût été
incomprise ou mal reçue ; je me mis en conséquence
à émietter mon biscuit, en fractions infinitésimales,
de la grosseur des grains de riz que piquait, à l'aide
de son cure-dents, la goule des *Mille et une Nuits.*

Pour faciliter l'ingurgitation de ces reliefs de
haute saveur, nous avions pour toute boisson de
l'eau à boire, et quelle eau ! Au premier verre je fus
sur le point de commettre une incongruité ; par
l'odeur et par le goût, elle ressemblait à une décoc-
tion d'œufs pourris et de goudron ; je ne fis qu'un
saut de la table à mon placard, et je tirai de ma
caisse une bouteille de rhum que je plaçai sur la
table. Le flegme britannique du capitaine se dérida

à la vue de ce supplément de bon aloi, auquel j'ajou-
tai une poignée de *puros* de la Havane, que nous
fumâmes en absorbant un café noir dans lequel la
suie de la cheminée entrait pour le moins autant
que la fève de Moka.

Le déjeuner fini, nous remontâmes sur le pont.
Le *Tryphena* doublait en ce moment l'île de la Puna, située à l'entrée du golfe. A l'époque de la découverte, au commencement du xvi⁰ siècle, les
Espagnols, commandés par Pizarre, y trouvèrent
un butin considérable, tant en matières d'or qu'en
pierres précieuses, surtout en émeraudes; que ces
aventuriers, pour les éprouver, brisèrent à coups
de marteau, croyant, d'après l'opinion généralement
accréditée dans ce temps, que les pierres fines résis-
taient au choc des métaux les plus durs. Aujourd'hui
l'île de la Puna est un lieu d'internement pour les
lépreux de l'Equateur ; on y aperçoit, au milieu des
massifs, leurs chétives cabanes, qu'ils sont obligés
de se construire eux-mêmes, car personne ne pénètre dans leur île, de peur de la contagion ; seulement, une fois par semaine, un convoi de denrées
alimentaires, fournies par les âmes charitables de
la ville, vient y faire son déchargement sur la
grève, sans qu'il soit permis aux lépreux de s'en
approcher avant que les canots aient regagné le
large.

Devant nous s'étendait, comme un miroir sans fin, l'océan Pacifique ; une petite brise du sud-sud-est nous permettait de nous écarter de la terre. Le capitaine fit orienter au plus près, et vers les six heures du soir, avec l'aide du courant qui nous drossait au large, les côtes de l'Equateur se fondaient insensiblement dans l'horizon.

Le beffroi retentit de nouveau pour nous annoncer que le dîner était servi. Je comptais sur un gigot, ou pour le moins sur une volaille : ce fut le bœuf salé qui fit sa réapparition, sans le moindre accompagnement de légumes. Il en résulta que je fus me coucher l'estomac creux dans mon placard, séparé par une mince cloison de la cambuse, qui renfermait, avec d'autres conserves, des sacs bourrés de gousses d'ail fermenté, dont les émanations nauséabondes pénétraient à travers les ais mal joints de cette cloison. J'eus beau me tourner de tous côtés, me mettre sous le nez mon mouchoir, imbibé d'alcool camphré, rien ne fut capable de neutraliser cette horrible infection ; de guerre lasse, je me réfugiai sur le pont, où je finis par m'endormir à côté du timonnier, la tête appuyée contre le bastingage.

Pendant la nuit, nous doublions le cap de Santa Helena, toujours orientés au plus près. car le *Tryphena*, avec sa carène effilée comme le ventre d'un hippopotame, gagnait en dérive ce qu'il perdait en direction ; il est vrai que le capitaine, familiarisé avec les allures divergentes de son brick, le maintenait toujours à un quart de point au vent de la ligne qu'il voulait suivre. Une autre justice à lui rendre, c'est qu'il avait, comme disent les marins, constamment l'œil au bossoir, et que le chronomètre et le sextant n'étaient pas, entre ses mains, des meubles inutiles.

Huit jours après, ma provision de rhum était à sec, mes cigares s'étaient évaporés en fumée ; j'avais peu dormi, mal vécu, à part un seul jour où master Balfour avait capturé une dorade ; mais nous avions atteint l'archipel connu sous le nom de *las Islas del Rey*, le soleil couchant éclairait de ses derniers rayons deux îles verdoyantes à un mille environ de notre hanche de tribord : l'une s'appelle Gonzalès, l'autre San José. Nous apercevions distinctement les cabanes des pêcheurs de perles, pittoresquement perchées sur les rochers qui dominent la grève, entourées d'enclos parsemés d'arbres à fruits, et leurs toits de chaume couronnés de *gallinazos* sérieux comme des magistrats.

Pendant la nuit, la brise faiblit peu à peu, et le lendemain, au soleil levant, nous avions calme plat. Le *Tryphena*, toutes ses voiles collées au mât, était devenu aussi immobile sur l'Océan que l'obélisque au milieu de la place de la Concorde. Bientôt nous vîmes des pirogues se détacher des deux îles ; chacune d'elles contenait deux hommes entièrement nus, à l'exception d'un lambeau de cotonnade de couleur passé entre leurs cuisses, et se rattachant, par devant et par derrière, à une corde qui leur ceignait les reins. Cette corde retenait en outre, contre leur flanc gauche, une gaîne en cuir renfermant une *navaja,* long couteau destiné à combattre le requin.

Les pirogues, au nombre d'une trentaine, gagnèrent le large et se dispersèrent, chacune dans le rayon de sa zone respective ; puis, de chaque pirogue, un homme s'élança, les mains en avant, et plongea dans la mer, pendant que son compagnon, à l'aide de sa pagaye, faisait avancer son embarcation de quelques brasses pour accompagner le trajet du plongeur, dont l'immersion se fait toujours en ligne diagonale, tandis que son ascension est, au contraire, verticale. Cette mesure a pour but encore de recueillir le plongeur au moment où il reparaît à la surface, obligé de rendre l'air à ses poumons et le bras gauche chargé d'huîtres. Ce dernier, une fois rentré dans la pirogue, prend l'aviron, et c'est son associé qui plonge à son tour.

Les pêcheurs se relaient ainsi pendant plusieurs heures, jusqu'à ce que leur récolte ait atteint le chiffre voulu. Cet exercice est des plus fatigant, et les hommes qui s'y livrent arrivent rarement à un âge avancé ; une affection qui est au bout de quelques années le résultat ordinaire de ces immersions prolongées, est une congestion sanguine de la sclérotique, aussi ai-je rencontré peu de ces pêcheurs dont le blanc de l'œil n'eût pas contracté une teinte uniformément rouge. Les plongeurs reçoivent ordinairement une demi-piastre forte par douzaine d'huîtres des entrepreneurs de pêcheries. Qu'on ne se figure pas que toutes ces huîtres contiennent des perles, c'est tout au plus s'il y en a dix sur cent dont la nacre soit enrichie de ce précieux tubercule. La plupart des perles elles-mêmes sont de médiocre valeur et se vendent à vil prix. L'orient, c'est-à-dire l'éclat irisé, la rondeur, et enfin la grosseur servent de base à leur estimation. J'ai vu entre les mains d'un agent de la maison Hurtado, de Panama, qui a possédé, dit-on, des richesses incalculables en pierres précieuses et surtout en perles, une perle admirable, de la grosseur d'une petite bille d'enfant qui à elle seule était estimée dix mille francs, tandis qu'une centaine d'autres perles, dont quelques-unes étaient tout aussi grosses mais moins parfaites, n'atteignaient pas ensemble ce chiffre-là.

La pêche des perles est remplie de dangers et

d'émouvantes péripéties ; car le requin, une raie gigantesque, connue sous le nom de *manta-raya,* une anguille électrique, dont le simple contact paralyse au fond de l'eau le pêcheur, qui y reste enseveli, en font un spectacle des plus dramatique. La présence du requin, que son aileron dorsal oscillant à la surface de la mer fait facilement reconnaître de loin, est à la fois signalée par les deux escadres, et le cri *tiburon* (requin) ! retentit sur toute la ligne. Si le requin pousse l'audace jusqu'à s'aventurer parmi les bateaux, un ou quelquefois deux des nageurs les plus habiles s'élancent au devant de lui, plongent au moment où le monstre se retourne à moitié pour saisir l'un d'eux dans ses puissantes mâchoires, et lui ouvrent le ventre d'un coup de couteau. Cette lutte suprême entre l'homme et le plus stupide comme le plus vorace des poissons, est presque toujours au désavantage de ce dernier ; mais le requin s'aventure rarement dans le voisinage trop immédiat des côtes ; il se tient de préférence dans les eaux profondes et transparentes, où il suit de loin la proie qu'il convoite, et c'est pour cela que la pêche des perles se fait principalement à l'époque des pluies, parce que les eaux, jusqu'à une certaine distance du rivage, sont troublées par les terres d'alluvion et les détritus de végétaux qu'elles entraînent.

Du pont du *Tryphena,* que l'on aurait pu croire pétrifié comme la trirème grecque, transformée en roc par le trident de Neptune, marins et passagers, nous observions tous cette scène avec une ardente curiosité. Une pirogue, entre autres, appartenant à l'escadre de Gonzalès, captivait plus particulièrement notre attention ; elle était montée par deux hommes, dont l'un d'un âge avancé se contentait de manier l'aviron ; l'autre était un jeune homme de vingt à vingt-deux ans, d'une taille élancée et bien prise, d'une figure intelligente et pleine d'expression, car une excellente longue vue, de Dollond, que le capitaine m'avait confiée, me permettait de distinguer jusqu'aux moindres détails de ce groupe.

Le jeune homme seul plongeait, et lorsqu'il s'élançait de sa pirogue on eût dit un trait lancé par une main vigoureuse pénétrant l'élément humide, sans même en faire rider la surface, il restait ordinairement au-delà d'une minute au fond de l'eau, et lorsqu'il reparaissait, sa charge d'huîtres était toujours plus considérable que celle des autres pêcheurs. Le vieillard commençait par le débarrasser de cette charge, après quoi, par un élan rapide, il s'élançait dans la pirogue, qui en éprouvait à peine une légère oscillation. Dix minutes lui suffisaient pour reprendre haleine, et nous le voyions se rejeter à l'eau. Aussi le fond de sa pirogue se trouva-t-il rempli au bout d'une couple d'heures.

Vers midi, les flotilles rallièrent leurs rivages respectifs, et nous n'eûmes plus pour distraction que la vue des deux îles, dont les plages étaient parcourues par une population affairée, au milieu de laquelle on distinguait plusieurs femmes. D'énormes monceaux d'écailles d'huîtres étaient symétriquement rangés le long des berges ; ces écailles sont les seules dont on extrait la nacre employée dans l'industrie, et l'Archipel du Roi en produit annuellement de sept à huit cents tonneaux qui sont expédiés pour l'Europe.

Le lendemain et les jours suivants, nous eûmes chaque matin le même spectacle : le *Tryphena* conservait son immobilité, et les chacareros commençaient à craindre de n'avoir pas emporté assez de fourrage, de tubercules et de grains pour arriver avec leurs animaux à Panama, où ils espéraient en trouver un bon prix en les vendant aux bateaux à vapeur qui partent de ce port pour San Francisco. Craignant à la fin que cette situation ne se prolongeât, ils obtinrent du capitaine qu'il mît son canot à leur disposition pour aller à terre chercher des provisions. J'obtins, de mon côté, qu'on emportât une futaille vide pour avoir de l'eau fraîche ; il fit d'autant moins de difficultés pour ce dernier article, que je lui fis entendre que je ne reviendrais pas sans quelques bouteilles de liqueurs et du tabac à fumer.

Pendant notre absence, master Balfour avait harponné un marsouin qui fut coupé en tranches et préparé pour le dîner. La chair de ce poisson est blanche, dure et huileuse. Après en avoir goûté, j'allais me rejeter sur le bœuf salé , lorsque le mousse apporta triomphalement sur la table un dindon rôti ; c'était une gracieuseté des chacareros; à cet aspect, tous les visages s'épanouirent. Le gallinacé, attaqué à la fois par cinq mâchoires qui grinçaient d'impatience comme celles d'un ogre éventant la chair fraîche, disparut en un instant ; un litre de genièvre arrosa dignement ce superbe festin ; et pour la première fois depuis mon départ, je m'endormis sur le pont sans rêver au trépas d'Ugolin et de ses enfants.

Le neuvième jour, vers les dix heures du matin, nous signalâmes au nord le bateau à vapeur parti de Panama et se rendant à Valparaiso. De sa haute cheminée s'échappait un long panache de fumée ; il s'avançait avec la vitesse d'un cheval de course. Quelques instants après il était près de nous. Je m'attendais à le voir passer, car il est rare que ces bateaux fassent escale à l'archipel aux Perles; lorsque je vis tout à coup ses roues s'arrêter et le bateau faire une embardée par notre travers.

Tous les yeux étaient fixés sur le vapeur, dont le pont était couvert de monde. L'instant d'après, une des embarcations suspendues le long du bord fut mise à la mer avec un équipage de trois rameurs ; l'escalier fut placé, et nous vîmes descendre dans l'embarcation un officier grenadin en casquette galonnée, avec une énorme paire d'épaulettes sur une redingote bourgeoise ; il était suivi de quatre soldats en vestes courtes, ayant tous, autant qu'il m'en souvient, des pantalons, et le chef mitré de bonnets de police pyramidaux. Lorsqu'ils eurent pris place sur l'avant, une sixième personne descendit à son tour ; je crus voir la reine de Saba. C'était une énorme et grosse *chola* frisant la cinquantaine. Quatre peignes en or retenaient sa chevelure encore noire ; un double collier formé d'onces d'or et d'aigles américaines entourait son cou ; ses mains, ses bras étaient chargés de plus de bracelets et de bagues que n'en contient la montre d'un bijoutier ; elle ne portait pas de bas, mais ses pieds nus étaient emprisonnés dans des babouches de satin rose, et ses charmes replets se prélassaient dans une robe festonnée de volants et de dentelles. Elle prit place à l'arrière, à côté de l'officier.

L'embarcation du vapeur se dirigeait en ligne droite sur l'île Gonzalès, lorsque tout à coup la

grosse femme poussa un cri ou plutôt un hurlement,
et prononça le nom de Rafaël, en désignant à
l'officier la pirogue qui contenait le jeune pêcheur.
A ce cri qui n'avait rien de féminin, à l'aspect im-
prévu de cette virago qui, dans un paroxysme de
rage, était parvenue à se redresser, mais retombait
presque aussitôt sur sa banquette, en imprimant à
l'embarcation un choc terrible qui faillit la faire
chavirer, le plongeur arracha vivement l'aviron des
mains de son vieux compagnon et se mit à fuir
vers le rivage avec la vitesse d'une flèche. Le canot
du vapeur venait à peine de reprendre son équi-
libre, lorsque l'officier grenadin dit quelques mots
à l'équipage ; celui-ci se courba aussitôt sur les
rames, et le canot s'élança à son tour à la poursuite
du fugitif ; mais la pirogue de ce dernier avait déjà
une avance considérable, et elle était sur le point
d'atterir, lorsque l'officier fit un signe à ses hommes : ceux-ci épaulèrent leurs fusils dans la direction de la pirogue montée par Rafaël, en même
temps que le chef faisait feu d'un revolver qu'il tira
de sa ceinture ; mais sur les quatre fusils, il n'y en
eut que deux qui partirent, sans atteindre les
fuyards. Je vis le jeune pêcheur se retourner vers
ses agresseurs et brandir sa pagaye d'un air de
défi, en poussant un cri de triomphe dont le son vint
jusqu'à moi. L'instant d'après il mettait pied à

terre et disparaissait au milieu des bois qui couronnent l'île.

Cette scène imprévue avait mis tous les plongeurs de Gonzalès en émoi ; au lieu de continuer leur pêche, ils se hâtèrent de regagner leur île, accompagnés par quelques barques de San Jozé. Le capitaine avec ses soldats et la grosse femme, mettaient en ce moment pied à terre, et se dirigeaient vers le village, pendant que le canot du vapeur retournait à son bord. La confusion continua de régner le long de la grève. La grosse femme, au milieu des groupes, semblait gesticuler avec violence ; enfin je vis le capitaine entrer avec deux de ses hommes dans une des plus grandes pirogues échouées sur le rivage, tandis que ses deux autres hommes en prenaient une seconde. L'instant d'après, les deux embarcations, mises à flot, voguaient de conserve vers la pointe nord de l'île, derrière laquelle elles disparurent. Nous attendîmes quelque temps le résultat de cette seconde chasse; enfin, deux ou trois détonations parvinrent à nos oreilles, et presque aussitôt nous vîmes une pirogue qui traversait, rapide comme un trait, le détroit qui sépare les deux îles de Gonzalès et de San José. Rafaël se tenait debout au milieu du léger esquif, et, à la place du vieillard, était assise une jeune fille, qui de temps en temps tournait la tête en arrière pour observer un objet que la hauteur de l'île nous empêchait de voir. Chacun faisait des vœux pour le jeune couple ; enfin nous respirâmes. Rafaël venait d'atteindre le rivage de San José, et, entraînant sa compagne, il s'élança, avec la rapidité d'une antilope, dans la direction des forêts qui couvrent cette île, dont le territoire est trois fois plus grand que celui de Gonzalès. Ils venaient de disparaître au milieu des massifs, lorsque débouchèrent dans le canal les deux pirogues du capitaine et de ses soldats ; elles marchaient avec une certaine lenteur, ce qui nous donna lieu de supposer que leurs rameurs n'obéissaient qu'avec répugnance aux ordres de l'officier grenadin ; aussi n'atteignirent-ils San José qu'une heure après que Rafaël et sa compagne y eurent trouvé un refuge.

Le reste de la journée s'écoula sans qu'on signalât rien de nouveau soit de l'île de San José, soit sur celle de Gonzalès ; au coucher du soleil, une légère brise du sud-est commença à agiter nos voiles, et bientôt après le *Tryphena* remit le cap au nord, filant ses cinq nœuds vent arrière.

Six jours après nous atteignîmes l'île de Taboga, où il se présenta aussitôt de nombreux acheteurs pour la cargaison vivante du *Tryphena*. Je profitai de l'embarcation de l'un d'eux pour me faire mettre à terre, résistant à toutes les instances du capitaine

W..., qui voulait à toute force me garder à son bord, en me promettant de me transporter le lendemain ou le surlendemain à Panama. Je ne me rappelle pas trop ce que je lui répondis lorsqu'il m'exprima le regret de se séparer de moi, mais sa figure se contracta par une légère grimace.

Taboga est le principal îlot d'un groupe dont les deux derniers portent les noms de Taboguilla et Uraca, à quinze milles sud de Panama. C'est une île montagneuse et boisée, de sept lieues de tour et renommée pour sa salubrité. Sa capitale, ou plutôt son unique village, construit au bord de la mer, possède quelques jolies maisons et réjouit la vue par son aspect champêtre. Ce n'était pas la première fois que je me trouvais dans cette jolie petite île, et je me rendis tout droit à l'hôtel français, tenu par un nommé Lestrade, presque un compatriote à moi. L'accueil de ce brave homme fut tel que j'oubliai à l'instant même tous les ennuis par lesquels je venais de passer.

— Vous n'avez pas déjeûné, je l'espère, me dit-il, lorsque je lui eus raconté mon odyssée à bord du *Tryphena* ; ces coquins d'Anglais n'entendent rien à la cuisine, aussi je leur en fais avaler de toutes sortes avec des noms de mon invention. Quant à vous, mon cher compatriote, vous ne mangerez pas à une autre table qu'à la mienne ; je vous ferai goûter d'un bordeaux qui remettra vos œuvres vives dans un état présentable. En attendant, voici votre chambre ; faites un léger somme, et dans une petite heure, *almorzaremos*, comme ils prononcent ici le verbe déjeuner.

Est-il au monde un sentiment plus doux que celui qu'on éprouve en entendant la chère langue de son pays à quelques milliers de lieues du sol natal ? Je ne parle ici ni des Anglais ni des Allemands, race cosmopolite qui a le globe pour patrie et renie le sol qui l'a vue naître pour prendre racine là où elle trouve la plus grande satisfaction de ses besoins matériels. Je ne parle que du Français que la nostalgie va chercher au milieu de l'existence la plus dorée pour lui rappeler qu'il a laissé loin de lui une pauvre chaumière, témoin de ses premiers pas, des êtres qui l'ont aimé et qu'il a aimés, et jusqu'à ces illusions perdues qui lui ont imprimé une cicatrice au cœur. La seule vue d'un compatriote, quelques phrases banales échangées, avaient suffi pour me rendre l'espérance et l'énergie. Mon pauvre estomac lui-même soumis à de si rudes épreuves, semblait tressaillir du doux pressentiment qui lui était communiqué par mon cerveau, qu'il allait enfin élaborer des aliments plus nutritifs que du bœuf momifié, du biscuit insectogène, et de l'eau contemporaine du déluge.

A la fin du déjeuner, auquel j'avais fait honneur, à la grande satisfaction de mon amphitryon, et assis en face l'un de l'autre, le nez en extase sur deux tasses de café noir dont le parfum délicat sentait son origine costa-ricaine, je racontai à Lestrade l'épisode dont j'avais été témoin pendant ma station aux îles del Rey. Il m'interrompit vivement :

— Qui ne connaît ici Manuelasa Parédès ? me dit-il ; c'est la plus riche propriétaire de Taboga ; son mari a fait fortune en pêchant des perles. C'était un plongeur renommé sur toute la côte ; ce qui ne l'a pas empêché, un beau jour, d'être coupé en deux par une *tintorera*. Il a laissé à sa veuve quelque chose comme deux cent mille piastres et une fort jolie fille, ma foi, que la vieille *chola*, par suite de ce préjugé vaniteux qui pousse tous les individus de sa caste à s'allier à la race blanche, a voulu marier à un capitaine de l'armée grenadine, un hidalgo manqué, fier comme un grand d'Espagne, parce qu'il s'appelle Pizarro et qu'il se donne comme le descendant en ligne directe du conquérant du Pérou et de la fille de Huaina-Capac ; mais Manuelita n'a pas été de l'avis de sa mère ; au descendant de Pizarre elle a préféré un *cholito,* son cousin, qui n'a pas un sou vaillant, mais que sa bravoure et une adresse sans égale dans tous les exercices du corps, ont rendu la coqueluche des plus belles filles du pays. Poussée à bout par sa mère, Manuelita s'est enfuie avec son amant il y a de cela trois semaines. La mère, furieuse, et le capitaine Pizarro, plus vexé encore, parce que le million qu'il convoitait court les champs, ont obtenu du gouverneur de Panama un ordre d'extradition concernant Rafaël et sa maîtresse. Que Dieu protége la pauvre enfant! Et là-dessus, je bois au succès de leurs amours. Faites-moi raison : les braves cœurs se doivent assistance à table comme sur le champ de bataille.

Je choquai mon verre contre celui de Lestrade, et nous bûmes à la bonne fortune du jeune couple.

Trois jours après j'étais de retour à Panama. On y attendait l'arrivée du steamer de Valparaiso. Il fit son entrée dans la rade le lendemain. Ainsi que beaucoup d'habitants de la ville, je m'étais rendu sur la jetée pour assister au débarquement des passagers. Quelle ne fut pas ma surprise en reconnaissant parmi eux la grosse *chola* plus éblouissante que jamais, et remorquant, sous ses deux bras, d'un côté Rafaël, le jeune plongeur ; de l'autre, sa fille Manuelita. Derrière ce trio marchaient, l'œil morne et la tête baissée comme les chevaux d'Hippolyte, les quatre soldats de l'expédition, privés de leur chef de file. Que signifiait ce changement de décor? J'en eus l'explication quelques heures plus tard.

L'archipel del Rey se compose de six îles principales. Pendant quatre jours les amants avaient été poursuivis d'île en île ; la mère elle-même s'était mise de la partie, et son or, répandu à profusion, lui avait procuré une embarcation montée par trois rameurs d'élite, dont la vitesse ne le cédait en rien à celle de Rafaël. Instruite par des espions soudoyés que le jeune couple s'était réfugié dans l'île Pacheco, l'une des plus petites du groupe, Manuelasa, le matin du cinquième jour, s'embarqua avec le capitaine, en se faisant suivre par une seconde pirogue, qui portait les quatre soldats. En peu d'heures ils eurent atteint l'île de Pacheco, mais, au moment de mettre pied à terre, ils aperçurent le canot de Rafaël qui s'éloignait pour gagner l'île de Bayoneta, qui en est éloignée de plus de deux lieues, à l'ouest.

Certaine cette fois d'atteindre les fugitifs, Manuelasa fit faire force de rames à son équipage, laissant loin derrière elle l'embarcation contenant les quatre soldats. Bientôt elle fut près de la pirogue qui portait les fugitifs. A la vue de Rafaël, dont les forces commençaient à s'épuiser, elle ne put retenir un cri de triomphe et se dressa comme un obélisque au milieu de sa pirogue. Mais cette brusque secousse la fit immédiatement chavirer, et tous ceux qu'elle portait se trouvèrent à la fois dans l'eau. Le cœur généreux du jeune plongeur ne put résister à cet affreux spectacle, d'autant plus qu'il venait de découvrir à peu de distance les ailerons noirs de deux requins qui s'avançaient en droite ligne sur les naufragés. Quelques coups de pagaie l'eurent bientôt amené auprès de l'embarcation dont la quille se trouvait en l'air, et sans hésiter il plongea à l'endroit où il avait vu disparaître la mère de sa maîtresse ; il l'eut bientôt atteinte, et grâce à une asphyxie momentanée, il parvint à pousser cette masse de chair jusqu'à son canot, où ses efforts réunis à ceux de Manuelita vinrent bientôt à bout de la hisser.

Pendant ce temps les rameurs étaient parvenus à redresser leur canot, sans se préoccuper beaucoup de leurs passagers. Eux aussi avaient aperçu les requins, et leur premier soin, une fois la pirogue redressée, fut de se mettre en sûreté. Dans ce moment un cri qui n'avait rien d'humain retentit derrière eux ; ils se retournèrent et purent voir pour la dernière fois les traits horriblement contractés du capitaine, dont les requins se disputaient les membres arrachés. Un nuage de sang ternit un instant l'azur des flots ; mais, lorsque le canot qui portait les quatre soldats fut arrivé sur le lieu du sinistre, l'Océan avait déjà repris son calme perfide, et rien ne faisait reconnaître la place où leur illustre chef avait disparu pour toujours.

Manuelasa, rendue à la vie, ne put faire autrement que de pardonner à son libérateur. Le terrible danger auquel elle venait d'échapper lui avait ouvert les yeux sur les inconvénients d'un mariage forcé, et, d'ailleurs, le gendre de son choix était mort. Aussi quelques jours après j'assistais, dans la cathédrale de Panama, à l'union de Rafaël et de Manuelita.

LE CHARMEUR DE SERPENTS

ET

LE CHASSEUR DE PANTHÈRES

LE CHARMEUR DE SERPENTS

ET

LE CHASSEUR DE PANTHÈRES

Vous faut-il des mœurs patriarcales; de ces émotions douces et paisibles qui bercent l'âme sans altérer sa quiétude ? portez vos pas vers le Nord, et allez vous asseoir aux tables hospitalières de l'Allemagne ; là, vous boirez dans les verres bleus de Bohême un petit vin qui n'en brisera point le cristal, et vous chanterez sans crainte avec votre hôte ses ballades guerrières.

S'il vous faut au contraire des émotions fiévreuses, de ces spasmes brûlants qui laissent une cicatrice au cœur, faites vos adieux à l'Europe, à ses chemins de fer garantis par l'Etat, à ses codes qui ont prévu d'avance toutes les péripéties de votre majorité, et allez vous retremper dans cette patrie du soleil que Colomb, Cortez et Pizarre ont léguée en pâture aux affamés d'or, de puissance et de liberté. Là, chaque heure du jour et de la nuit jalonnera un souvenir dans votre existence. Là, c'est le sol qui tremble et s'entrouvre pour vous engloutir, le serpent qui s'embusque sous les fleurs, le typhus mortel que vous respirez avec la brise rafraîchissante du soir, la trahison qui veille à votre chevet, sous le masque de la fidélité et du dévouement.

Quel est le sensualisme assez blasé pour résister à de pareils stimulants ?

Hâtez-vous, si vous voulez trouver encore quelque virginité dans ces poétiques contrées que la vapeur et l'électricité rapprochent chaque jour davantage de l'Europe. Déjà les limonadiers jaunes et cuivrés de Sydney, Canton et Sumatra débitent leur absinthe en culottes courtes et en bas de soie, et les nègres d'Haïti, autrefois Saint-Domingue, ne se présentent plus dans le monde autrement qu'en habit noir et en cravatte blanche, le pantalon et la chaussure n'étant pas absolument de rigueur.

L'année 1848, surtout, si fertile en grands événements, a jeté sur tout le continent américain une population nomade, dont chaque pas a fait éclore un germe d'industrie et de civilisation ; de grandes villes comme les grandes villes de l'Europe ont surgi tout à coup sur des plages désertes, et des rails de fer sont venus substituer leur implacable

niveau aux sinuosités capricieuses des pistes indiennes. et aux sentiers inconnus qui aboutissaient
à l'abreuvoir des bêtes fauves.

Au commencement de 1850, ayant à traverser
l'isthme de Panama, je remontais en pirogue la rivière de Chagres, entre deux murs de forêts séculaires, tranquille séjour des carnassiers de toute
espèce et de myriades d'animaux, peu familiarisés
avec la présence de l'homme. Sur chaque rive,
quatre à cinq hameaux indiens, et autant de fermes
exploitées par des *squatters*, apparaissaient de loin,
isolés comme des phares. Entre le lever et le coucher du soleil, nous voyagions au milieu d'un profond silence, qui n'était interrompu que par le
brusque plongeon d'un caïman troublé dans ses
méditations, ou par la curiosité d'une tribu de
singes échelonnés sur un arbre pour nous regarder
passer. Mais après le coucher du soleil, et dès que
la nuit crépusculaire des tropiques nous enveloppait de ses ombres incertaines, de sourdes ru-
meurs, s'élevant du sein de l'obscurité, nous annonçaient le réveil de ces monstres de l'espèce
féline, dont la main de Dieu a peuplé les solitudes
de l'Amérique. Les branches mortes crépitaient
sous leurs bonds agiles, et bientôt un effroyable
concert de rauques miaulements, de frénétiques
accents de passion, de déchirantes clameurs d'au-

goisse, s'échappait comme une tempête des sombres arcades de la forêt.

En 1853, les pirogues étaient détrônées par une locomotive qui déraillait assez fréquemment, il est vrai: mais c'est là, au dire des Américains qui ont construit ce chemin de fer, un simple détail, un zéro de moins sur la liste des émigrants. La forêt était éventrée par une large éclaircie, et des stations, où l'on débitait de l'ale et du wisky, avaient remplacé la cabane hospitalière de l'Indien et la ferme-auberge du squatter américain. Les aras, les perroquets, les toucans, oiseaux au brillant plumage ; les daims, les chevreuils, les bêtes fauves avaient émigré au premier coup de hache donné sur leurs domaines, et de chaque côté de cet essai de moderne civilisation, on n'apercevait plus sur les rameaux jaunis par la fumée, que d'ignobles gallinasos, vautours noirs, immobiles, le cou tendu et les ailes ouvertes, comme pour surveiller ce convoi de chair humaine qu'un accident pouvait leur donner en curée.

J'étais alors de retour à Panama, après avoir successivement visité la Californie, le Mexique, l'Équateur et le Pérou. Quelques bons amis m'accueillirent dans cette ville, où je débarquai mourant, et si mes os, ou plutôt mes cendres, car la crémation y est en usage, ne reposent pas à l'heure qu'il est dans un cimetière fort agréable et bien planté d'arbres, appelé Cocogrowe, c'est à eux que je le dois. Merci Piron, Bareati, Autenrieth, et vous mon pauvre docteur Barbé, dont les soins intelligents m'ont rendu à la vie; vous que la mort a frappé au milieu de votre jeunesse et de vos succès, permettez-moi de déposer ce souvenir de reconnaissance sur votre tombe lointaine.

La ville de Panama, bien qu'elle soit fréquentée par un grand nombre de voyageurs de toutes nations, mais spécialement par les Américains, et peut-être même à cause de cela, est une des cités les plus tristes et les plus monotones que je connaisse. On s'y ennuie à mourir, et je n'admets pas qu'il y ait au monde une localité où la nostalgie exerce plus de ravages. Une preuve de cette consomption morale, c'est l'avide curiosité de la population blanche pour certains gros événements qui ne manquent jamais de se reproduire de temps à autre, tels que l'attaque par les *salteadores* (voleurs armés) du petit bataillon indigène chargé de protéger les *arrieros* (muletiers), qui, deux fois par mois, transportent l'or californien de Panama à Cruces, ou bien un *pronunciamento* politique qui appelle le peuple novo grenadin aux armes pour renverser un gouvernement enrichi, enfin de le remplacer par un autre qui a sa fortune à faire.

Santa-Fé, Carthagène, Panama, deviennent alors des centres d'agitation, où les autorités se tiennent cachées dans leurs maisons barricadées. Aux pamphlets ampoulés qui, pénètrent chez vous par les balcons et les fenêtres, comme s'ils pleuvaient du ciel, succèdent dans les clubs et dans les carrefours des harangues plus ampoulées encore, où sont rappelées, avec quelque exagération, toutes les grandeurs nationales, des victoires remportées par un seul homme sur des armées formidables; où l'on invoque la sainte Providence afin qu'elle extermine d'un seul coup et dans le plus bref délai, tous ceux qui ne sont pas de l'avis du préopinant. Assez souvent, s'il y a dissidence dans l'auditoire, on en vient au couteau *bowie* et au *machete*, de préférence aux armes à feu qui, bien que munies de leurs accessoires ordinaires, ne partent jamais qu'après avoir raté au moins trois fois, ce qui donne à l'adversaire tout le temps de dégaîner l'arme blanche.

A l'entrée de la rue Mercader, il y avait une pharmacie franco-Allemande dirigée par un jeune médecin de grand cœur et de grand mérite, que j'appellerai Ludwig ; nous nous y réunissions quatre à cinq Français assez habituellement à la tombée du jour, tant pour causer que pour regarder passer... les passants. C'était un petit club en plein air.

De l'autre côté de la rue se trouvait également une pharmacie exploitée par un Américain. Un boa constrictor et trois autres serpents d'espèces venimeuses, entre autres un *cascabel*, serpent à sonnettes, enfermés dans des cages de fer, ornaient sa devanture. L'intérieur de la boutique, dont la porte restait constamment ouverte, offrait l'aspect d'une série de rayons chargés d'une superbe poterie en porcelaine et en cristal, avec des abréviations latines et grecques en caractères dorés, auxquelles l'Américain ne comprenait pas grand chose, il faut le croire, car un jour il avait indiqué comme potion une forte dose de cantharides prescrite par le médecin pour synapisme sur l'abdomen. Une heure après le malade (c'était un cholérique) était en route pour l'autre monde.

« Good fellow, répondait l'Américain à ceux qui
« lui reprochaient son quiproquo, on m'a demandé
« en même temps de la poudre de cantharides et de
« la fleur de mauves ; je les ai données, on me les
« a payées, le malade en a fait ce qu'il a voulu ;
« s'il en est mort, tant pis pour lui. »

Chaque samedi, vers le déclin du jour, nous voyions assez régulièrement arriver par la poterne de l'*Arabal* et s'arrêter devant la boutique de l'Américain, un nègre à jambe de bois, poussant devant lui un âne étique chargé de deux mannequins remplis d'une denrée quelconque, et suivi par un petit sanglier qui semblait faire le service d'arrière-garde. Chaque fois que ce singulier cortège défilait devant nous, il s'en exhalait des émanations nauséabondes qui ne s'évaporaient que lentement, et où dominaient le musc et l'ammoniaque.

Le nègre avait une physionomie repoussante, de gros yeux ternes sans expression et immobiles dans leurs orbites comme les prunelles des sauriens. Son torse, couvert seulement d'une chemise de cotonnade bleue, avait des proportions athlétiques. Sa jambe droite que laissait à découvert un pantalon trop court et déchiqueté par l'usure, paraissait vigoureusement musclée, mais la gauche, à partir du genou, se terminait par un solide pieu de bois, dont l'extrémité était un boulon de fer.

L'âne était maigre et chétif ; sa peau, dégarnie de poils en maints endroits, laissait à nu des plaies à peine cicatrisées. Le pauvre animal marchait d'un pas lent et mélancolique sous son double fardeau, le cou roidi par un travail sans relâche, avec cet air d'apathique résignation qui, chez les animaux soumis à l'homme, semble formuler un dernier reproche pour les excès de travail, les faméliques privations et les châtiments immérités qu'il leur a fait subir.

Le troisième membre de cette association, le sanglier seul, était complétement intact : son pelage luisant, alterné de bandes fauves et brunes, avait quelque ressemblance avec celui du zèbre ; son petit œil noir et profond, surmonté de sourcils en brosse, dardait des éclairs de finesse et gaieté, et son groin mobile affectait un air narquois qui frisait l'impertinence.

L'homme était connu sous le nom de *Culebra* (Couleuvre.)

L'âne sous celui d'*Alegrito* (Jovial), par antinomie, je suppose.

Le sanglier répondait au nom de *Pistacho* (Pistache), sans doute à cause de sa couleur.

Tout le monde se boucha le nez, lorsque pour la première fois j'assistai à son défilé.

— Hé ! Culebra, cria l'un de nous, au moment où le nègre, après avoir déposé sa cargaison chez l'Américain, repassait devant notre porte, as-tu quelque curiosité à nous montrer ?

— *Quien sabe ?* nous répondit-il d'une voix dont l'accent doux et presque féminin contrastait singulièrement avec son encolure masculine et trapue ; et combien donneriez-vous pour cela ?

— On te donnera deux réaux et un verre de gin par-dessus le marché, si nous sommes satisfaits, répondit le questionneur.

— Deux réaux, c'est bien peu pour un pauvre

estropié comme moi, dit le nègre, en montrant sa jambe de bois ; donnez en quatre, et je vous montrerai ce que vous n'avez jamais vu, et que vous ne verrez jamais.

— Va pour les quatre réaux, dit l'un de nous, et fais-nous voir ta marchandise.

— Et mon verre de gin aussi ?

— Tout de suite, si tu veux.

— Non, pas à présent, mais après, après, répéta le nègre.

Culebra introduisit la main sous sa chemise et en retira un petit sac de peau, dont il se mit à délier les cordons. Écartez-vous, ajouta-t-il, car il y a danger de mort pour celui qui se trouverait trop près de moi; et en même temps il tira du sac un petit serpent qu'il tenait par le bout de la queue. Ce reptile, qui pouvait avoir de douze à quinze pouces de longueur, et dont le corps, d'un rose pâle, était marbré de bandes violettes, se redressa avec un sifflement furieux et rejeta sa tête en arrière comme pour s'élancer sur le nègre; mais celui-ci se contenta de le regarder fixement, et, quelques secondes après, le corail, car c'en était un comme s'il eût été fasciné par ce regard de plomb, s'affaissa lentement sur lui-même et cacha sa tête sous ses anneaux. Culebra alors rapprocha insensiblement le serpent de sa bouche et finit par l'y introduire en le tenant toujours par la queue. Un instant après il le retira, mais le serpent semblait privé de la vie, et il pendait inerte de la main du jongleur.

— Eh bien, seigneurs, nous dit-il, lequel de vous oserait tenter une pareille épreuve?

— Parbleu, moi-même ! s'écria le docteur L..., qui était arrivé juste à point pour assister à la fin du spectacle.

— Ne vous approchez pas ! s'écria vivement Culebra, si le corail vous mordait en ce moment, avant deux heures vous seriez un homme mort. Vous ne me croyez pas ? Vous vous figurez sans doute que la bête a ses dents arrachées ? Tenez, voyez plutôt.

Et, en même temps, il donna légèrement quelques chiquenaudes à la gorge du reptile qui ouvrit la gueule par un hiatus qui renversa ses deux mâchoires en arrière et nous montra, dressés comme deux pointes menaçantes, ses crochets à venin, crochets mobiles percés d'un tube capillaire dont la base correspond aux vésicules de poison, et que la contraction des nerfs maxillaires lorsque le serpent ouvre la gueule pour mordre, fait dresser perpendiculairement aux gencives.

Nous nous tenions à honnête distance, moi surtout, qui ai toujours eu une invincible horreur pour toute la race des reptiles.

— Est-ce là tout ce que tu as à nous montrer ? demande Ludwvig au nègre, pendant que celui-ci renouait les cordons de son sac dans lequel il avait fait rentrer le corail.

— J'ai bien là une autre bête mieux dressée encore, et digne d'être admirée par des connaisseurs comme vous ; mais daignez remarquer, seigneurs, que je suis un pauvre estropié, sans compter mes nombreuses charges, ce pauvre Alegrito, Pistacho et mes élèves : vous donnerez encore quatre réaux.

— Va pour les quatre réaux, interrompîmes-nous à la fois.

— Il faut alors que vous me permettiez l'entrée du *patio* (la cour), parce que la bête est grande et que Pistacho, s'il la voyait, se jetterait dessus.

— On te permet l'entrée du *patio*, dit Ludwig, et, pendant que tu nous donneras ta représentation ton âne et ton cochon auront à dîner. Tiens, voilà d'avance tes quatre réaux.

Une grimace de satisfaction sembla distendre les traits hideux du nègre ; il s'approcha de son âne, et retira de l'un des paniers une grande boîte en osier de forme circulaire, ainsi qu'un tambourin avec sa baguette, et un long sifflet en bambou percé de trois trous.

Arrivé dans la cour, il déposa sa boîte sur le sol

et s'assit à quelques pas en arrière, les jambes croisées à la manière des Orientaux, en nous recommandant de nous tenir à une certaine distance, et de ne pas faire un mouvement ni dire un mot, pendant toute la durée de ses exercices.

Nous lui promîmes immobilité et silence absolus.

Culebra retira de sa bouche quelque chose qu'il mâchonnait depuis quelques instants, et remit cette chose, qu'aucun de nous ne put distinguer, dans la poche de son pantalon; mais le docteur L..., qui suivait de l'œil tous ses mouvements, s'empressa de nous dire à l'oreille que c'était ou du *guaco*, ou du *gombo-musc*, ou de la noix de *cédron*, ou enfin tout autre préservatif infaillible contre la morsure du serpent. Pendant ce temps le nègre avait pris son sifflet dont il tira deux notes très-douces. A ce premier appel le couvercle de la boîte sembla répondre par un léger frémissement, mais ce fut là tout. Culebra tira deux notes plus sonores de son instrument et rien ne parut encore. Mais à un troisième son plus prolongé et suivi d'un coup de baguette sur le tambourin, le couvercle sauta en l'air, et un énorme serpent jaune marbré de taches brunes se dressa comme un ressort détendu au milieu de la boîte, le cou recourbé comme celui d'un cygne, et balançant du côté du nègre, qui avançait

et retirait alternativement son poing, sa tête plate
et triangulaire semblable à un fer de lance. C'était
un trigonocéphale, serpent presque aussi dangereux
que le serpent à sonnettes. Celui-ci avait plus de
six pieds de long et le milieu de son corps était de
la grosseur du bras.

Pendant quelques instants, le serpent se main-
tint debout sur la partie inférieure de son corps, sa
tête oscillant à cinq ou six pouces du poing de Culebra, comme le fer attiré par l'aimant.

Tout à coup la musique s'arrêta, le poing du
nègre s'abaissa vers la terre et le serpent retomba
au fond de la boîte, levé sur lui-même et la tête
dressée au centre de la volute que décrivait son
corps, comme s'il eût attendu de nouveaux ordres.
Culebra plongea la main dans la poche de son pantalon et en tira une poignée de graines de maïs qu'il
dispersa sur le sol : « Viens, dit-il au serpent, en
frappant un léger coup sur son tambourin, et ba-
laye-moi ces ordures. » Aussitôt nous vîmes le serpent s'allonger sur ses anneaux, venir se lover à la
place où étaient répandus les grains de maïs, et les
chasser à droite et à gauche, à l'aide d'un mouvement précipité de la queue.

Maintenant que tu as bien fait ton devoir, dit le
nègre, viens remercier ton maître ; et en même
temps il tendit son bras vers le serpent qui glissa

lentement le long de cet appui, et vint s'enrouler autour du cou de Culebra dont il se mit à effleurer le visage avec sa langue fourchue.

Après nous avoir laissé examiner pendant quelques instants ce dernier tableau qui nous donnait la chair de poule, Culebra prit doucement dans sa main la tête du reptile, délia avec précaution le triple collier dont il enveloppait son cou, le déposa par terre où il resta étendu sans mouvement et comme épuisé par l'exercice avquel il venait de se livrer, puis le charmeur se releva tenant par le cou le serpent, dont la tête dépassait la sienne et dont la queue traînait par terre, et enfin il le replaça dans son coffre en ayant soin de le rouler sur lui-même comme on roule une manœuvre courante sur le pont d'un navire, et remit aussitôt le couvercle par-dessus.

— J'espère, seigneurs, nous dit-il alors, que vous êtes pleinement satisfaits, et que vous donnerez encore quelque chose au pauvre estropié.

— Oui, si tu veux nous montrer ce que tu as dans tes poches, répondit le docteur L.... Il doit avoir sur lui une provision de *guaco*, ajouta-t-il, en se tournant vers nous. Il en avait plein la bouche lorsqu'il a commencé ses exercices. Le guaco, messieurs est l'antidote le plus énergique du venin de serpent; les Indiens l'emploient avec succès

9.

contre la morsure du cascabel ; il suffit même de s'en frictionner ou d'en mâcher, pour qu'au lieu de de vous mordre, les reptiles les plus dangereux tombent aussitôt dans un état d'impuissance physique ou de léthargie, comme les deux exemples que vous avez eus sous les yeux. Vous allez voir que je ne me suis pas trompé.

Sans hésiter, Culebra plongea ses mains dans ses deux poches et en retira un lambeau de mouchoir dans lequel il avait enveloppé son argent, des grains de maïs et quelques feuilles sèches que nous reconnûmes pour être du tabac.

— Tu n'as pas autre chose ? demanda le docteur.

Au lieu de répondre, le nègre retourna ses deux poches dans lesquelles il ne restait absolument rien.

— Hum ! fit le docteur qui n'était nullement convaincu. Le drôle est trop habile prestidigitateur pour moi ; je jurerais que je lui ai vu tirer tantôt de sa bouche tout autre chose que du tabac.

— Tiens, dis-je au nègre en ajoutant une couple de réaux à ceux qu'il avait déjà reçus, on ne rencontre pas souvent des professeurs de ton habileté ; mais d'où vient que tu as une jambe de bois ? ne serait-ce pas le paiement d'un de tes élèves ?

— Oh ! non, seigneur, répondit Culebra, c'est un caïman qui m'a mis dans cet état.

— Un caïman, répétai-je stupéfait, est-ce que tu fais également l'éducation des caïmans ?

— Je les tue, répondit Culebra en grimaçant un horrible sourire, et c'est le marchand américain qui m'achète leurs peaux et les petits sacs où se trouve la bonne odeur.

— Laissez partir le moricaud, interrompit Ludwig, sans cela il va vous demander encore l'aumône. Allons, détale avec ta marchandise, ajouta-t-il en s'adressant au nègre qui recommençait déjà sa litanie en faveur du pauvre estropié ; ton âne et ton cochon t'attendent à la porte ; tu es payé, voilà ton verre de gin et sauve-toi.

Culebra ne se le fit pas répéter ; après avoir absorbé un énorme verre de gin, il appela son sanglier qui, à la vue de son maître, poussa un grognement de plaisir, remit la boîte et ses instruments de musique dans les paniers de l'âne, et se dirigea en clopinant avec ses deux acolytes vers la poterne de l'Arrabal, où nous le vîmes bientôt disparaître.

— C'est un mauvais garnement dont il faut se méfier, me dit Ludwig, aussitôt que le nègre eut le dos tourné ; il a assez d'assassinats, d'empoisonnements et de vols sur la conscience pour qu'on soit en droit de le pendre haut et court, sans autre forme de procès. Son dernier crime connu, et le plus odieux de tous à mes yeux, c'est l'enlèvement d'une jeune indienne, charmante enfant que tout le monde a longtemps crue morte, et dont le père, au déses poir, après avoir vainement essayé du plus étrange suicide, celui de se faire déchirer par les bêtes fauves, vient tout dernièrement de quitter le pays. C'est tout un drame dont le dénoûment est encore dans les secrets de Dieu. Culebra est un homme condamné, j'en ai le pressentiment, et si le châti-ment est lent à venir, c'est sans doute pour qu'il soit plus éclatant et plus terrible.

J'allais interrompre Ludwig pour lui demander de plus amples détails, il m'arrêta par un geste amical.

— Je vous devine, me dit-il, mais le moment n'est pas favorable ; trouvez-vous ce soir à neuf heures à la vieille batterie, derrière la caserne, et je donnerai ample satisfaction à votre curiosité.

J'étais un peu avant l'heure au rendez-vous de Ludwig ; le lieu où je me trouvais, éclairé par les rayons de la lune, avait le caractère poétique des grandes ruines ; c'est une longue esplanade établie sur un terreplein élevé qui concourait, il y a près de deux siècles, à la défense de la ville ; mais le mur d'enceinte de cet ouvrage de fortification s'est effon-dré en maints endroits sous l'action incessante des vagues de l'Océan qui, pendant le flux, viennent expirer à sa base. L'esplanade elle-même ne présente plus aujourd'hui qu'un amas de décombres envahi par les hautes herbes, et sur une vingtaine de gros canons qui l'armaient jadis, il n'en reste plus que quatre en batterie ; les autres sont enterrés sous le sable à côté de leurs affûts pourris et forment çà et là de petites oasis ensevelies sous les graminées.

C'est un noble et merveilleux spectacle qu'une nuit tropicale pendant la saison sèche, lorsque l'absence du soleil, a laissé le champ libre aux brises rafraîchissantes qui rendent la vie au corps et l'énergie à l'âme. Le ciel parsemé d'étoiles brillantes étendait au loin son voile d'azur, dont la bordure plus sombre se confondait avec la surface immobile de l'Océan, et la lune, dont le disque argenté se balançait au-dessus de ma tête, faisait scintiller comme autant de miroirs les flaques d'eau que la mer en se retirant dépose au milieu des rochers, éparpillés comme des chevaux de frise à l'entour des fortifications.

— Vous ne pensiez plus à moi, me dit Ludwig dont la main vint s'appuyer sur mon épaule. Cette admirable nature que vous avez sous les yeux je suis venu la chercher bien souvent pour me consoler de la patrie absente, et comme vous je me suis laissé absorber par une contemplation si pleine des souvenirs du passé. Tout est contraste sur cette terre jeune et vieille à la fois. Voyez devant vous cette langue de terre étroite et qui se termine par un promontoire. C'est là que les compagnons de Pizarre et de Balboa fondèrent la première ville de Panama ; c'est de cette pointe qu'appareilla le premier vaisseau qui se mit à la recherche du Pérou. Que n'ai-je pour quelques instants la puissance de Dieu ! je voudrais ressusciter ces aventuriers grands comme les héros d'Homère, relever ces murailles dont les ruines attestent encore l'imposante majesté, et assister pendant une heure de ma vie, que j'achèterais au prix de bien des années, à cette entreprise de Titans, à cette lutte gigantesque de l'homme contre des éléments inconnus. Horace avait-il le don de lire dans l'avenir, et pressentait-il les Espagnols d'Isabelle et de Charles-Quint lorsqu'il a dit qu'il avait un triple airain autour du cœur, celui qui le premier brava la mer profonde et les vents déchaînés ?

Des monceaux de pierre, voilà tout ce qui reste de ce monument qui ne vit plus que dans le souvenir, de même que les hommes qui l'ont érigé. Ces hommes et ces ruines comparez-les avec le Panama d'aujourd'hui et sa population de traficants, et donnez-leur place côte à côte dans un poëme épique intitulé *la Conquête du Pérou*. Voici d'abord un épicier espagnol à gauche, et un peu plus bas, à droite, un liquoriste yankee ; le premier est incapable de se passionner pour tout autre chose au monde que pour la hausse ou la baisse de ses denrées ; le second vous menacera de son révolver s'il vous manque un seul cuartillo pour faire l'appoint de votre consommation. Allez donc faire la conquête du Pérou, qui était la toison d'or du seizième siècle, avec des aventuriers de cette trempe dont l'un a les doigts englués par la mélasse, l'autre le cerveau dérangé par les excès de gin et de wisky ! Parlez-moi des Indiens ! chez eux au moins vous trouverez encore quelques restes de l'audace, des mœurs hospitalières et de l'esprit vindicatif de leurs ancêtres. Et à propos d'Indiens j'ai à vous faire connaître deux personnages dont l'un est Culebra, et l'autre un Indien dont il s'est fait l'ennemi mortel, et qui, tôt ou tard, comme le *deus ex machina,* apparaîtra pour le dénoûment du drame.

Culebra n'est que le pseudonyme, ou plutôt le sobriquet de l'affreux drôle que vous avez vu jongler avec ses serpents ; c'est un échappé des présidios de l'Amérique-Centrale où il était détenu pour avoir fait des *peaux,* c'est-à-dire commis plusieurs meurtres. Des hommes puissants, dont il s'était fait l'exécuteur des hautes œuvres, l'ont fait absoudre de la potence qu'il avait bien méritée ; peut-être même en raison de ses services l'auraient-il proposé au grade de général s'il eût eu le teint moins foncé en couleur. Forcé, en conséquence, de renoncer à la graine d'épinards, et concluant avec une certaine sagacité qu'un nœud coulant pourrait bien être l'unique et dernière récompense de ses exploits, Culebra se décida à renoncer à son ingrate patrie ; mais pour cela il fallait avant tout sortir de sa prison. Heureusement pour lui il avait eu la précaution de mettre en réserve quelques piastres loyalement gagnées à la pointe de son couteau, et il les employa utilement auprès de son geôlier, qui oublia un soir de fermer la porte du cachot où on le tenait renfermé.

Redevenu libre, Culebra, dégoûté du séjour des villes et du voisinage des présidios, alla demander l'hospitalité aux Indiens Walla-Wahoes qui étaient alors en guerre avec le gouvernement du Centre-Amérique, et c'est parmi eux qu'il fit son apprentissage de charmeur de serpents, et en même temps celui de botaniste, car il passe pour être un empoisonneur de premier mérite. Culebra eût pu se contenter des bénéfices de cette double profession, qui ne manque pas de relief dans le pays ; mais cet animal a des instincts pernicieux qui l'entraînent invinciblement vers le crime. Ne lui prit-il pas fantaisie un jour de se raccommoder avec les Américains du Centre, ses anciens ennemis, et cela aux dépens des Indiens, ses nouveaux amis ! Il est vrai qu'on lui avait promis une grosse somme d'argent. Il parvint donc à entraîner un fort parti de Walla-Wahoes dans une embuscade préparée par les troupes centrales, et les Indiens furent presque tous massacrés ; mais lorsque le coquin s'en vint réclamer le prix de sa trahison, l'officier qui commandait aux Centraneros, sans lui répondre un seul mot, se contenta de lui montrer de la pointe de son sabre un nœud coulant qui se balançait à une branche d'arbre. Culebra, avec sa sagacité ordinaire, comprit tout de suite ce que cela voulait dire, et se sauva à toutes jambes, car, à cette époque, il n'était pas estropié.

Forcé encore une fois de s'expatrier, Culebra reprit le bâton du pèlerin, et s'arrêta à l'une des fourches du Rio-Grande, fleuve qui se jette dans le Pacifique, à quelques lieues au nord de Panama. C'est une immense solitude où l'on rencontre de loin en loin quelques *ranchos* habités par des chasseurs ou par des squatters américains qui se logent là où bon leur semble, sans qu'un propriétaire ait jamais pu les faire déguerpir. Culebra se construisit une cabane dans un endroit presque inaccessible, et se décida à tirer parti de son ancien métier de charmeur de serpents et de marchand de vulnéraire. On le vit donc un matin apparaître sur le marché de l'Arrabal avec un assortiment de plantes plus ou moins médicinales, et une collection variée de reptiles vénimeux auxquels il fit faire les différents exercices que vous avez été à même d'admirer aujourd'hui.

A partir de ce jour, la réputation de Culebra fut faite ; les Indiens de la campagne, les hommes de couleur et même quelques blancs de la ville, lui achetèrent de ses herbes. Ont-elles guéri un malade ? C'est ce que je ne crois pas ; en revanche, on a constaté depuis lors plusieurs cas d'empoisonnements par végétaux qui ont dérouté la science de nos médecins et auxquels on suppose que Culebra n'a pas été étranger. Rien n'eût été plus facile que de s'assurer de la complicité de cet infâme charlatan ; mais ici la justice n'informe jamais, à moins d'y être forcée. A quoi bon se déranger ? Il faut, pour qu'elle se décide à sortir de son état de léthargie, qu'on lui amène le coupable pieds et poings liés, avec les preuves matérielles du crime à l'appui.

J'interrompis Ludwig : — J'admets que vous ne fassiez pas grande estime de ses serpents et de sa panacée, cela se conçoit, mais que peut-il aller faire tous les samedis chez votre collègue américain avec son âne infect et son sanglier qui est, à mon avis,

le membre le plus présentable de la maison Culebra
et compagnie?

— J'allais y venir, mais vous manquez de patience. L'âne est chargé de peaux tannées et de
glandes à musc de caïmans, que le pharmacien ex-
pédie de Panama aux États-Unis. Les peaux bien
préparées deviennent un cuir souple et imperméa-
ble, que l'on emploie à divers usages, et, les glandes
à musc, qui vous ont si violemment affecté l'odorat,
se transforment en parfums, dont les femmes jeunes
et vieilles de toutes les parties du monde civilisé
embaument leur linge, leurs mouchoirs de poche
et bien d'autres choses.

— Au diable le parfum, m'écriai-je, rien que d'y
penser me donne la migraine. Je me demande seulement comment s'y prend Culebra pour fournir
toutes les semaines un chargement de sa marchandise à l'Américain.

— Rien de plus simple ; il tue beaucoup de caïmans, ce qui lui est aisé, car il n'y a pas de rivière,
de ruisseau, de flaque d'eau douce qui ne possède
quelques échantillons de cette race amphibie. Si
vous allez jamais vous promener aux environs du
Rio-Grande, où Culebra a établi ses dieux lares,
vous en rencontrerez par centaines, vautrés dans la
vase ou cachés dans les roseaux qui bordent le lit
du fleuve. Il n'y a qu'à se baisser pour en prendre.

— Et je dois admettre, sans nul doute, que Culebra a le privilége de charmer les alligators, comme il fait des serpents, et qu'au son de sa flûte et de son tambourin, ils s'empressent de venir lui faire hommage de leur peau et de leurs glandes aromatiques ?

— Ce n'est pas tout à fait comme vous l'entendez, répondit en souriant Ludwig ; il faut avoir tout le sang-froid et le courage de cette brute pour venir à bout de ces monstrueux sauriens dont la vue seule vous remplit d'effroi. Voici maintenant la méthode qu'il emploie et les fonctions qu'il a assignées à maître Aliboron, à ce pauvre Alégrito dont vous avez pu remarquer la chétive carcasse et l'humble résignation. Le caïman fait sa nourriture ordinaire de poisson, et, pendant six mois de l'année, d'octobre en avril, époque où le saumon et ses congénères viennent par bandes nombreuses se retremper dans l'eau saumâtre de l'embouchure des fleuves, il a toujours une table bien servie et passe son temps à manger et à dormir ; mais, pendant les six autres mois de l'année, époque d'émigration pour le poisson, le caïman est soumis à une abstinence forcée qui l'oblige à recourir à toute espèce d'expédients pour satisfaire aux exigences de son insatiable appétit. Il se déguise en tronc d'arbre flottant pour s'approcher sournoisement des animaux qui viennent se désaltérer aux bords de l'eau, ou en vieille souche ensevelie dans la vase et les plantes aquatiques, pour happer les échassiers qui s'aventurent dans les roseaux, dans l'espoir d'y surprendre le menu fretin qu'il dédaigne ; dans ce temps-là, tout lui est bon, et il se jette en glouton qu'il est sur tout être vivant qui se trouve à sa portée.

Culebra, qui a fait une étude approfondie des mœurs et des habitudes des sauriens, a inventé un procédé des plus ingénieux pour les prendre, procédé qui lui vaudrait un brevet d'invention s'il se trouvait de par le monde des imitateurs, mais je mets au défi qu'on en trouve. Voici en quoi consiste ce procédé : dans les criques où l'eau est basse, il établit, à quelques mètres du rivage, une palissade de pals-pieux enduits de glaise et de roseaux pour les dissimuler, et espacés de manière à ce qu'une tête de caïman ne puisse point passer au travers ; derrière la palissade il attache dès le point du jour le pauvre Alégrito auquel il donne quelques ganbarzos secs à broyer, et se met en embuscade à peu de distance derrière l'âne avec son *lazo,* dont le bout est solidement fixé à un arbre ou à une racine.

Parmi les caïmans qui descendent ou remontent le cours du fleuve il y en a toujours, parmi les gros surtout, un plus affamé, ou plus hardi que les autres, qui jugeant l'âne de bonne prise, après l'avoir guetté quelque temps, prend son élan, et vient se casser le nez contre la palissade qui protége sa proie. C'est l'instant dont profite Culebra pour envelopper de son lazo le cou du caïman à peine revenu de sa surprise, et qui, se doutant un peu tard qu'il a eu affaire à plus malin que lui, cherche à regagner son élément familier, mais il se trouve enchaîné par le nœud coulant, et plus il fait d'efforts pour se débarrasser du lien fatal, plus il resserre son implacable étreinte. C'est alors que Culebra armé de son couteau se précipite sur son adversaire qui fait claquer ses redoutables machoires, et dont la queue et les griffes soulèvent les flots de vase ; mais Culebra ne s'en émeut nullement : de deux coups de couteau il crève les yeux du monstre, et d'un troisième il lui ouvre la gorge.

— Je suis de votre avis, dis-je à Ludwig, Culebra peut se dispenser de prendre un brevet d'invention.

— Il trouvera d'autant moins d'imitateurs, répliqua-t-il, qu'un jour au moment où il était en train d'expédier un caïman, un autre de ces amphibies qui prétendait avoir sa part du festin, saisit par la jambe maître Culebra qui eut un second combat à soutenir, combat dont il sortit vainqueur en y laissant toutefois la partie inférieure de sa jambe.

— Je crois voir d'ici le pauvre Alégrito surpris au milieu de son modeste déjeûner par ce formidable parasite qui réclame une portion, non du festin, mais de l'amphytrion lui-même. Comment a-t-il pu résister à de pareilles émotions ! et Pistacho, quel rôle joue-t-il dans le drame, car il doit avoir aussi son utilité ?

— Oh ! Pistacho est chargé de fonctions d'un ordre plus élevé. Il est le pourvoyeur de reptiles de la maison Culebra et Comp. Entre le sanglier et le serpent, ilexiste une aversion d'instinct, une haine de famille qui date de la création, et que rien ne saurait éteindre. Le sanglier se jette indifféremment sur tous les serpents qu'il rencontre, et les dévore, qu'ils soient ou non venimeux ; sa digestion n'en souffre nullement. Le serpent qui sait également par expérience que son venin est sans action sur le sanglier, au lieu de se défendre comme il le fait contre toute autre créature humaine, se sent paralysépar laterreur etcherche son salut dans la fuite. Culebra se sert de son sanglier pour dépister les serpents, de la même manière que les paysans du Périgord se servent de leurs cochons pour découvrir les gisements de truffes. Cela prouve que les sangliers comme les cochons ont l'odorat d'une grande subtilité.

— Je conclus de tout ce que vous venez de me

raconter que Culebra est un coquin des plus dangereux, Alégrito un pauvre martyr et Pistacho le loustic, et comme il ne travaille que pour son propre compte, le seul membre indépendant de cette trinité sociale. Mais il manque un épisode à votre narration, celui de l'Indien et d'une jeune fille enlevée par Culebra ; ce coquin est intéressant par ses crimes, comme un autre le serait par des actes de vertu, et puisque vous me faites prévoir un dénoûment, je tiens à être au courant de toutes les péripéties qui en font, selon vous, une nécessité providentielle.

Le lendemain, je fus exact au rendez-vous sur la vieille batterie, et Ludwig reprit le fil de sa narration.

A la suite d'une dernière bataille livrée par les Centraneros aux Indiens Walla-Wahoes, ces derniers, vaincus, furent forcés d'abanbonner leurs villages. Leur grand chef avait été tué, et son fils unique, au lieu de lui succéder, comme cela était d'un usage immémorial dans la tribu, avait été forcé de s'expatrier, parce qu'il descendait par sa mère, de la caste la plus odieuse aux Indiens, celle des mulâtre. Ce fils s'était couvert de gloire dans maintes occasions ; son intelligence et ses qualités le rendaient digne du poste élevé auquel il était appelé par droit de naissance, et pourtant cette tache originelle, dont un concurrent au grade de chef suprême de guerre sut habilement tirer parti, jointe à la rancune des Indiens contre les noirs et les métis qui formaient le contingent de l'armée centrale, suffit pour le faire expulser de sa nation.

Taddeo, c'est le nom sous lequel nous l'avons connu ici, vint chercher un refuge dans la Nouvelle-Grenade, et s'établit sur les rives du Rio-Grande avec sa jeune fille, unique et dernier rejeton de sa race. Les chercheurs d'or commençaient déjà, vers cette époque, à traverser l'isthme pour se rendre en Californie, et Taddeo, chasseur aussi adroit qu'intrépide, devint bientôt un des principaux pourvoyeurs de gibier de Panama. Deux fois par semaine, on le voyait arriver, dès le matin, à l'arrabal avec son mulet chargé de provisions : c'étaient des chevreuils, des sangliers, des agoutis, des dindons sauvages, des perdrix huppées. Quelquefois même, il complétait son assortiment par des peaux de tigres, de pumas ou de panthères qu'il avait tués dans ses excursions.

Taddeo était un type accompli de la belle race indienne, croisée avec celles de l'Europe et de l'Afrique. Les traits de son visage étaient d'un galbe pur et régulier comme le galbe caucasien ; son corps eût pu servir de modèle à l'Antinoüs, et ses membres,

10

bien proportionnés, annonçaient autant de vigueur
que de souplesse et d'agilité. A ses avantages extérieurs, qui ne sont pas sans influence sur le vul-
gaire, il joignait des qualités d'un ordre plus sympathique qui le faisaient rechercher par tous les
chalands : c'étaient son caractère ouvert, son désintéressement et sa bonhomie, lorsqu'il s'agissait de
conclure un marché. Aussi les acheteurs se dispu-
taient-ils sa marchandise et sa vente devenait-elle
un véritable encan, où ils poussaient eux-mêmes la
hausse sur sa mise à prix toujours modeste.

Wa-hina, nom qui, en langue walla-wahoe, signifie *petite main*, accompagnait souvent son père
sur les marchés de Gorgona, de Cruces et de Panama, et alors la concurrence que se faisaient les chalands était plus passionnée encore, car c'était à qui
donnerait la *buena mano*, l'étrenne d'usage, à la
jeune fille, et en recevait en récompense, avec un
gracieux sourire, le *Dios le sirva à usted, señor*,
prononcé par la plus douce voix du monde. Jamais
traits plus charmants sous une teinte à peine oli-
vâtre, jamais formes plus suaves, d'un caractère
plus harmonieux et plus séduisant n'avaient été
le partage d'une fille d'Ève, aussi se sentait-on attiré
vers elle par cette attraction invincible qui est l'aimant du cœur. Wa-hina entrait alors dans sa qua-
torzième année.

Chaque fois que Taddeo faisait son entrée à l'arrabal, accompagné de sa fille, la foule se pressait autour d'eux. Les Indiens de la contrée se montraient à la fois heureux et fiers de l'espèce de culte dont on entourait ce merveilleux échantillon de leur race qui s'éteint et s'étiole de jour en jour, et parmi les nègres, les métis et même les blancs de la ville, il n'était personne qui n'eût sollicité, au moins une fois, une douce parole ou même un regard bienveillant de la jeune fille.

Culebra n'était jamais des derniers parmi les curieux qui accouraient sur les pas de la jolie Indienne. Son œil sombre et terne s'illuminait alors d'ardentes lueurs ; on eût dit un reptile cherchant à fasciner sa proie. Il avait connu Taddeo pendant son séjour chez les Walla-Wahoes, mais celui-ci avait repoussé avec mépris les avances du nègre, et Culebra, humilié dans son orgueil et brûlant d'une infernale convoitise pour cette vierge si pure, méditait déjà une vengeance digne de lui, celle d'arriver sûrement au cœur du père, en le frappant dans sa fille.

La cabane de Taddeo était située dans une clairière de la forêt, sur la rive gauche du fleuve : quelques animaux de ferme, un mulet qui lui servait au transport de son gibier, et un jeune chien de garde composaient toute sa fortune. Une haie vive

entourait son petit enclos où il avait planté des igna-
mes, des patates et quelques arbres fruitiers. Les
deux êtres qui s'aimaient d'une affection si tendre,
se trouvaient heureux dans ce petit domaine qui
suffisait à leurs modestes besoins, et où le voyageur
égaré, le chasseur épuisé de fatigue étaient sûrs
d'être accueillis avec une hospitalité cordiale et em-
pressée.

Ce n'était jamais sans une peine secrète, sans des
appréhensions qu'il osait à peine s'avouer, que Taddeo s'éloignait au point du jour de sa cabane, laissant
Wa-hina seule, pour se mettre à la recherche du
gibier dans la forêt; chaque fois il recommandait à
sa fille, où, pour mieux dire, il la suppliait avec de
de tendres paroles de ne pas s'écarter de l'enclos qui
entourait la hutte.

« La forêt est peuplée de bêtes cruelles, les bords
du fleuve sont infestés par des monstres toujours
affamés, lui répétait-il sans cesse. S'il t'arrivait
un malheur, que deviendrais-je, moi, qui ne tiens
à la vie que par toi. Promets-moi de ne pas quitter
notre enclos, et je m'en irai le cœur tranquille. »

Wa-hina souriait en faisant sa promesse, parce
qu'elle ne partageait pas les terreurs superstitieuses
de son père, mais jamais elle ne manquait à cet
engagement sacré pour elle. Aussi lorsque à la tombée du jour, Taddeo revenait vers sa demeure,

courbé sous le poids du gibier qu'il rapportait de sa chasse, il était sûr de retrouver Wa-hina assise au seuil de sa cabane, à côté de son chien fidèle. A l'appel joyeux qui s'échappait alors de sa poitrine haletante, répondait la voix douce et modulée de sa fille qui accourait au-devant de lui, et lui ouvrait la barrière de l'enclos.

Un matin, Taddeo partit pour la chasse, et le soir, pour la première fois, Wa-hina attendit vainement son retour.

Voici quelle était la cause de ce retard : Taddeo, vers le déclin du jour, avait tué une antilope, et, chargé de ce fardeau léger pour ses robustes épaules, il reprenait le chemin de sa demeure, lorsqu'au milieu du sentier qui portait encore l'empreinte de ses pas du matin, il posa le pied sur un corps élastique et froid, c'était une *vibora ciega*, vipère aveugle, ainsi appelée à cause de la petitesse de ses yeux, reptile de la plus dangereuse espèce, qui redressa sa tête triangulaire, et le mordit à la jambe au-dessus du genou.

Taddeo se sentant piqué, laissa tomber sa charge et commença par tuer le serpent qui se sauvait en sifflant vers une touffe de bambous. Cette vengeance accomplie, il jeta les yeux autour de lui dans l'espoir de découvrir quelques pousses de huaco; mais il n'en aperçut nulle part, et, comme le venin de la

10.

vibora pénètre promptement jusqu'aux sources de
la vie, l'Indien n'hésita plus; il chercha dans ses
vêtements et retrouva l'antidote, que par précaution il portait toujours sur lui, c'était une noix de
cédron. Cette noix, dont la coque ligneuse renferme
une huile caustique, est d'un effet moins prompt,
mais tout aussi sûr que le huaco. Taddeo râpa
l'écorce de la noix et en saupoudra un lambeau de
sa chemise qu'il appliqua sur la double morsure du
serpent préalablement incisée, afin de faciliter
l'écoulement du sang envenimé, il mélangea également de cette râpure à la boisson fermentée que
renfermait sa calebasse et la vida entièrement.

Nonobstant ces précautions, Taddeo, qui s'était
remis en route vers sa hutte, l'antilope sur ses
épaules, sentit peu à peu sa jambe se gonfler et
s'alourdir; il s'efforça malgré cela de hâter sa marche; mais bientôt une torpeur invincible sembla
paralyser ses mouvements et sa volonté, des hallu-
cinations comme celles que produit le délire de la
fièvre, montèrent à son cerveau, et il tomba tout à
coup, privé de sentiment, au milieu des hautes
herbes.

Combien de temps dura ce sommeil de plomb,
c'est ce qu'il n'a jamais su; mais, pendant qu'il
était là, étendu comme un cadavre sur le sol, un
homme qui le suivait depuis longtemps à la piste,

et qui depuis qu'il avait été piqué par le serpent, ne l'avait pas perdu de vue, s'approcha de lui, et le voyant plongé dans cet état de léthargie, qui est le résultat ordinaire de la morsure du serpent, lors même que la mort ne doit pas s'en suivre, poussa un cri de triomphe, et précipita sa marche vers la cabane où Wa-hina attendait son père; cet homme c'était Culebra.

Lorsque Taddeo se réveilla, le soleil était à son zénith; il se sentait la gorge brûlante et la poitrine oppressée, pourquoi? il n'en savait rien. Par bonheur, le bruissement d'un filet d'eau qui courait à travers la feuillée arriva jusqu'à son oreille. Il s'y traîna instinctivement et but à longs traits de cette eau limpide et froide, dont chaque gorgée lui semblait une effluve vitale qui rendait la chaleur à son sang et la sensibilité à ses membres engourdis. Peu à peu la mémoire lui revint; il se rappela d'abord la morsure de la vibora, et ses yeux s'abaissèrent sur sa jambe encore enveloppée de compresses. Il arracha ces compresses et reconnut l'incision qu'il avait pratiquée au-dessus de son genou, un sang verdâtre s'était coagulé autour de cette plaie; mais toute enflure avait disparu, et bien qu'il éprouvât des douleurs dans toutes les articulations, il reconnut avec plaisir, lorsqu'il fut debout, que sa jambe blessée était à même de le soutenir aussi bien que l'autre.

Taddeo se sentant encore trop faible pour marcher, s'assit auprès du filet d'eau bienfaisant, et ramassa quelques baies sauvages répandues sur le sol autour de lui. Cet aliment, tout léger qu'il était, lui rendit le courage et les forces. En ce moment ses regards encore vagues et incertains devinrent clairvoyants et lucides, une image venait de se dresser devant lui, comme la Vierge divine apparaissait aux martyrs du christianisme, et cette image était celle de Wa-hina dont le nom si doux s'échappa comme une suprême invocation de ses lèvres.

La lumière s'était faite, Taddeo tressaillit comme au sortir d'un rêve, et se relevant aussitôt, il voulut s'élancer vers le temple qui renfermait son idole, mais ses forces physiques ne répondirent pas à son énergie morale, et ce ne fut qu'en trébuchant à chaque pas qu'il put regagner son ajoupa.

L'Indien n'avait pas encore atteint les limites de sa propriété, que d'un cri déchirant qui exprimait ses mortelles angoisses, il appelait Wa-hina ; mais la voix aimée ne répondit pas à la sienne, et lorsqu'il tomba haletant et sans force à l'entrée de la barrière restée ouverte, il embrassa d'un coup d'œil ce petit enclos si plein de vie lorsqu'il l'avait quitté et maintenant désert. Ce fut en se traînant sur le sol que Taddeo parvint à atteindre le seuil de sa cabane. Là, chaque objet se trouvait à sa place ordinaire, d'un côté le hamac fabriqué avec l'écorce filamenteuse de l'aloès, et orné de plumes brillantes auquel travaillait chaque jour Wa-hina, assise aux pieds de son père; de l'autre côté des mocassins en peau de daim écrue piqués avec de la soie rouge et bleue, cadeau offert à la jeune fille par les marchands de Panama. L'ordre et la propreté régnaient dans cette agreste demeure. Il semblait que chaque objet venait à l'instant même d'être rangé et mis en place par la *petite main*.

Taddeo se sentit soulagé; l'espoir se fit jour dans son cœur, et il s'assit à sa place habituelle, en attendant à son tour Wa-hina. Elle va rentrer, se dit-il, presque rassuré, la pauvre enfant aura été inquiète de mon absence, et elle se sera mise à ma recherche avec son fidèle Lillo. Attendons encore. Mais le soleil s'abaissa à l'horizon, et la jeune fille n'était pas de retour.

Dans ce moment, un aboiement plaintif vint frapper son oreille, il crut reconnaître cet accent douloureux et se précipita hors de la cabane. C'était effectivement le jeune chien de Wa-hina qui s'avançait en rampant vers la demeure de ses maîtres. Il était seul; Taddeo le saisit dans ses bras et s'aperçut que le pauvre animal portait au cou une plaie béante. Viens, mon pauvre Lillo, lui dit-il, pendant que le chien lui léchait les mains avec des regards qui exprimaient la souffrance, je vais te guérir et tu m'aideras à retrouver ta maîtresse.

Il n'est pas d'Indien qui n'en remontrerait à tous les médecins du monde pour guérir et cautériser promptement les blessures les plus profondes, pourvu qu'elles n'aient point atteint les organes de la vie. Taddeo n'eut qu'à arracher quelques plantes de son jardin, plantes dont il connaissait l'efficacité ; et après les avoir broyées entre deux pierres, il les appliqua avec le suc qu'il avait recueilli sur la blessure du chien qui parut aussitôt soulagé.

Ce premier soin rempli, Taddeo avala à la hâte quelques aliments qui lui rendirent ses forces, puis il s'arma de son macheté à lame bien affilée, jeta sur son bras gauche son poncho de cuir de bœuf, et après avoir imprimé un frénétique baiser sur les objets que la main de sa fille avait si souvent touchés, il prit son jeune chien entre ses bras et se dirigea de nouveau vers la forêt.

Taddeo erra pendant toute la nuit au milieu des arbres en appelant sa fille, se courbant sur les sentiers pour y découvrir les traces de ses pas, et surveillant avec une fébrile impatience les allures d'abord incertaines, mais bientôt plus décidées de son chien, qu'il obligeait de temps en temps à se reposer, afin de pouvoir reprendre avec plus d'ardeur les pistes qui l'attiraient, et dont il ne s'était pas encore écarté. Tout à coup le fidèle animal poussa un faible hurlement, Taddeo se baissa et reconnut un lambeau d'étoffe qui avait fait partie des vêtements de Wa-hina ; ce lambeau semblait avoir été arraché avec violence et était maculé de tâches de sang. L'Indien ramassa cette dépouille qu'il pressa contre ses lèvres blêmes, et jeta autour de lui un regard égaré dans la croyance qu'il allait se trouver en présence du cadavre de sa fille, mais il ne vit rien que l'herbe foulée. Un peu plus loin, le fidèle Lillo poussa un sourd grognement mais refusa d'avancer. C'était à l'entrée d'un sombre couloir frayé par les bêtes fauves à travers une couche épaisse de détritus et de branches mortes. Taddeo, laissant là son chien, n'hésita pas à pénétrer dans ce passage, et, à l'orifice même, il trouva sous sa main un fragment de la résille à pendeloques de corail que Wa-hina portait habituellement pour coiffure. Un instant, il contempla, les yeux obscurcis par les larmes, cette nouvelle épave qu'il recueillit sur son cœur à côté du lambeau de robe, et sûr cette fois qu'il était sur les traces de son enfant, où plutôt des restes de son enfant, il continua à ramper dans ce passage étroit, après s'être assuré que son macheté n'avait pas quitté sa ceinture.

Le couloir, après quelques détours, aboutissait à une caverne dont l'entrée s'élevait à peine à deux pieds au-dessus du sol. Taddeo se glissa comme un serpent à travers cette espèce de soupirail et se trouva tout à coup sous une voûte assez élevée pour qu'il pût se tenir debout.

Il était là depuis quelques secondes, son bras gauche enveloppé dans le poncho, la main droite armée du machète, cherchant à familiariser ses yeux avec l'obscurité, bien que le jour commençat à poindre au dehors, lorsqu'un faible miaulement frappa son oreille, il s'avança sans hésiter vers l'endroit d'où il partait et finit par distinguer dans un renfoncement de scintillantes prunelles semblables à des lobes d'or.

Deux jeunes panthères étendues sur un lit de mousse et de fougère, folâtraient ensemble comme font de jeunes chats, leurs pattes flexibles entrelacées, la gueule entr'ouverte par le rictus sardonique et cruel qui est le propre de la race féline, et s'exerçant à la lutte par des feintes adroitement parées, des hauts de corps grotesques et des miaulements de plaisir. L'apparition de l'Indien n'avait nullement troublé leurs jeux.

Taddeo, dans ce moment, n'était plus un homme : la douleur, la soif de la vengeance l'avaient transformé en bête féroce plus impitoyable cent fois que les sauvages habitants des forêts. Il arracha avec une espèce de rage les nouveaux nés de leur couche, et après leur avoir brisé la tête contre le roc, il rejeta sur le sol leurs cadavres palpitants. A peine avait-il accompli ce double meurtre, qu'un aboiement plaintif, accompagné d'un hurlement furieux retentit au dehors, un craquement d'os broyés se fit entendre, et l'instant d'après une panthère de la grande espèce, portant dans sa gueule sanglante les restes inanimés du pauvre Lillo, bondit dans la caverne.

L'homme s'était adossé à la paroi du roc, prêt à recevoir son ennemi, mais la panthère ne l'avait pas encore vu ; arrêtée devant le cadavre d'un de ses petits, dont les yeux sanglants sortaient de leurs orbites, elle le flairait, le retournait avec sa patte, et, comprenant enfin qu'il avait cessé de vivre, elle remplit la caverne d'un hurlement de douleur. Ses yeux, dans ce moment, se croisèrent avec ceux de l'homme, la pensée n'est pas plus prompte, l'éclair n'est pas plus vif que le bond qu'elle fit sur lui, la lèvre retroussée au-dessus de ses dents formidables, les griffes écartelées comme pour l'anéantir d'un seul coup, mais ses dents et ses griffes ne rencontrèrent que le bouclier de cuir que lui présentait son adversaire, tandis que celui-ci, à deux reprises, lui plongeait son long couteau dans le cœur. Durant quelques secondes, homme et panthère, poitrine contre poitrine, se roulèrent sur le sol ensanglanté. Le poncho était déchiré en morceaux, l'épaule gauche de Taddeo était presque dénudée de sa chair; de sa poitrine sillonnée de longues égratignures, s'échappaient des ruisseaux de sang ; mais la panthère était blessée à mort, et elle rendit le dernier soupir, en essayant encore de broyer son vainqueur dans une suprême étreinte.

Taddeo fut longtemps à se guérir de ses blessures ; mais, comme je vous l'ai déjà dit, chaque Indien est son propre médecin, et sa science ne le trompe jamais, car il n'a jamais cherché à guérir que les maladies qu'il connaît. Ce fut là son premier duel avec les bêtes fauves qui peuplent l'isthme, et ce duel a été suivi de beaucoup d'autres, dont il est toujours sorti vainqueur. Persuadé que sa fille était devenue la proie d'une panthère, Taddeo avait juré une haine implacable à la race des panthères ; toute autre chasse lui était indifférente, et bon nombre de fermes du Rio-Grande, comme du Rio de Chagres, lui doivent la destruction de bêtes fauves qui, auparavant, décimaient leurs troupeaux.

Taddeo, sans pourtant renoncer au machète qui l'avait rendu si souvent victorieux de ses ennemis, avait adopté une autre arme, dont l'emploi n'exige pas moins de courage et de sang-froid : c'était une lance de six pieds de long, dont fer et bois étaient également teints de couleur sombre. En outre, il avait dressé une meute de bassets à reconnaître les pistes de son gibier à lui. A l'approche de ces chiens, la panthère forcée de sortir de son gîte, leur tenait bravement tête et en déchirait quelquefois un ou deux des plus hardis, mais alors Taddeo s'avançait, tenant dans sa main gauche la lance, dont le fer était à demi incliné vers la bête fauve et l'extrémité inférieure appuyée à terre. A l'aspect de ce nouvel adversaire, et mise en fureur par les aboiements des chiens, la panthère s'avançait en rampant et s'élançait tout à coup en décrivant une parabole pour retomber sur le chasseur et l'envelopper dans ses pattes puissantes. Mais celui-ci lui présentait le **fer** de sa lance qu'il lâchait dans le corps de la panthère, en se jetant de côté, le machète en main, et prêt à rentrer en lice, si la lance n'avait pas accompli son œuvre ; mais jamais Taddeo n'a manqué son coup.

J'ai oublié de vous dire que depuis la perte de Wa-hina, le caractère de Taddeo s'était complètement transformé ; de bienveillant et communicatif qu'il était autrefois, il était devenu sombre et taciturne, il n'adressait jamais la parole à personne, et ne répondait qu'à ceux qui venaient lui dénoncer la retraite d'une bête fauve. Son œil alors s'illuminait de sinistres éclairs, et peut-être éprouvait-il un moment de satisfaction, car il allait sacrifier une nouvelle victime aux mânes de sa fille.

La réputation de Taddeo comme exterminateur de bêtes fauves s'élevait peu à peu à la hauteur d'une légende populaire, lorsque des gens mal intentionnés, de ces hommes qui provoquent les révolutions tout en ayant l'air de les redouter, prétendirent que s'il plaisait à Taddeo d'appeler à lui les Indiens et les hommes de couleur du pays, rien ne lui serait plus facile que de renverser le gouvernement et de chasser les blancs de la province. Cette fable tout invraisemblable qu'elle était, aurait peut-être trouvé quelque crédit auprès des autorités de notre ville, si deux nouvelles des plus extraordinaires n'étaient venues presque en même temps les rassurer sur les intentions de l'honnête chasseur. L'une de ces nouvelles était que Wa-hina, que tout le monde avait cru morte, était vivante. Il paraît que le soir même de l'accident arrivé à Taddeo, des chasseurs indiens de la tribu des Walla-Wahocs avaient arraché Wa-hina aux bras de Culebra qui l'emportait malgré ses cris vers sa demeure maudite, où il aurait eu bon marché d'elle, après avoir tué, comme il le croyait, son jeune chien qui s'était attaché à ses pas, et avoir trempé dans son sang quelques lambeaux des vêtements de Wa-hina, qu'il avait jetés à l'entrée d'un passage pratiqué par les bêtes fauves, pour faire croire à Taddeo, s'il revenait à la vie, que sa fille était devenue leur proie.

Wa-hina presque mourante, fut transportée par ses sauveurs dans la tribu des Walla-Wahoes, où elle fut accuellie comme la fille d'un grand chef; aussitôt qu'elle fut rétablie, elle demanda à retourner auprès de son père; mais les Indiens, dont le dernier chef était mort, et qui avaient conclu un traité avec les Américains du Centre, préférèrent envoyer des messagers à Taddeo pour le ramener auprès de sa fille et lui donner le titre de chef de leur tribu. Ce fut l'arrivée de ces messagers, ou plutôt de ces ambassadeurs dans leur grand costume de guerre, qui servit de prétexte aux dénonciations des fauteurs de troubles. La seconde nouvelle, plus concluante encore, comme preuve à l'appui, ce fut le départ immédiat de Taddeo, pressé d'aller embrasser sa fille, et ne se souciant plus des panthères depuis qu'il n'avait plus à leur reprocher la mort de Wa-hina.

Pendant ce temps le ravisseur Culebra s'endort dans une folle sécurité, parce qu'il se moque de la justice du pays, et peut-être encore parce qu'il s'est procuré, à l'aide d'une complicité criminelle, des protecteurs influents dans la ville : mais Culebra, non comme empoisonneur, non comme assassin, mais comme ravisseur de Wa-hina, périra de mort violente.

CONCLUSION

Deux mois s'étaient écoulés depuis le récit qu'on
vient de lire, lorsqu'un matin, à la première heure
du jour, je fus brusquement réveillé par mon ami
Ludwig qui entra dans ma chambre.

— Allons, debout, me cria-t-il, nous n'avons pas
de temps à perdre.

— Qu'y a-t-il donc de si pressé, lui demandai-je
un peu contrarié de cette alerte matinale, le feu
a-t-il pris à la ville, ou serions-nous convoqués
pour un pronunciamento.

— C'est le dénoûment que nous attendions,
Taddeo, Wa-hina, Culebra. Allons, dépêchez-vous,
sans cela nous ne trouverons plus de places.

— Je ne me le fis pas répéter, je m'habillai à la hate,
et moins de dix minutes après nous débouchions
sur l'esplanade de l'Arrabal. Toute la population

s'était groupée sur le point central de la place laissant au milieu d'elle un vide. Nous eûmes quelque peine à pénétrer à travers ces masses compactes, mais Ludwig, qui était connu de tout le monde, parvint sans trop d'efforts à me faire placer à côté de lui au premier rang.

Trois personnages étaient l'objet de cette impatiente curiosité, c'étaient trois Indiens, deux hommes et une jeune fille d'une remarquable beauté, tous trois portaient le costume traditionnel des Indiens de l'Amérique du Centre, c'est-à-dire des vêtements en peaux de daim écrues. Le plus âgé de ce groupe pouvait avoir une quarantaine d'années ; dans ses cheveux entourés d'un cercle d'or, était fixée une plume d'aigle qui le faisait reconnaître pour un chef. Sa physionomie était sérieuse, mais bienveillante, et une expression de sérénité mélancolique lui imprimait un caractère tout particulier de noblesse et de dignité. A côté de lui se tenait une jeune fille aux traits charmants, à la taille souple et gracieuse. Son costume était des plus riches ; un collier des plus belles perles qui se pêchent depuis San-Diego jusqu'au cap Buena-Ventura, dans le Pacifique, lui entourait le cou ; des bracelets d'or ornaient ses bras et ses jambes, et ses moccassins brodés d'aiguillons de porc-épic, portaient chacun en guise de rosette une énorme émeraude, à laquelle il ne manquait que la main du lapidaire pour en faire un joyau hors de prix. Un rayon de bonheur illuminait son doux visage et ses yeux qui parcouraient le cercle de curieux, souriaient, en même temps que sa bouche, aux figures de connaissance.

Le troisième personnage de ce groupe était un jeune Indien à la taille droite et élancée, au sourire à la fois doux et fier ; son costume était simple mais propre et élégant.

— Voici Taddeo, voilà Wa-hina, me dit Ludwig ; quant au jeune Indien, je suppose qu'il est le fiancé de Wa-hina · cela se devine à la manière dont il la regarde.

— Que font-ils donc là ? lui demandai-je ; attendent-ils quelqu'un, ou bien ne sont-ils venus que pour se donner en spectacle ?

— C'est le dénoûment que je vous avais prédit qui se prépare, me répondit Ludwig. Soyez patient, le rideau va se lever pour le dernier acte du drame.

Il avait à peine fini de parler qu'une sourde rumeur s'éleva de la foule qui nous entourait, et qui s'écarta pour laisser passer un cortége de quatre Indiens qui entraînaient à l'aide de cordes un nègre dont les bras étaient fortement enchaînés au corps ; je le reconnus : c'était Culebra.

Quoique solidement garotté, le misérable faisait les plus violents efforts pour échapper à ceux qui le tenaient en laisse ; jamais sa figure n'avait exprimé plus de bassesse et de méchanceté, une bave sanglante suintait de ses lèvres comprimées et ses dents grinçaient avec un bruit sinistre ; mais lorsqu'il se trouva en présence de Taddeo, de Wa-hina et du jeune Indien, la surprise sembla paralyser tout à coup cette rage impuissante, et il se mit à examiner Taddeo, sa fille et son compagnon, comme s'il les voyait pour la première fois, ou comme si leur présence au lieu d'être un danger eût été un gage de sûreté pour lui.

La manière dont Culebra avait été pris peut seule donner la clef de cette subite transformation. Les quatre Indiens envoyés par Taddeo, après avoir veillé toute la nuit autour de la cabane du charmeur de serpents, l'avaient enveloppé de leurs lazos au moment où il sortait. Au premier moment, Culebra se crut tombé entre les mains d'un parti de Walla-Wahoes, et se voyant déjà livré aux affreux supplices que les Indiens infligent aux traîtres, il avait lutté avec l'énergie du désespoir pour échapper à cette fin horrible; mais lorsqu'il reconnut Taddeo et sa fille, sûr alors de n'avoir plus de torture à redouter, comptant d'ailleurs sur l'absence de preuves suffisantes de son crime, et peut-être aussi sur l'appui de ses juges, il avait repris son air habituel d'indifférence apathique.

Taddeo, à l'aspect du misérable qui lui avait fait tant de mal, conserva son attitude calme et austère. Le jeune Indien, au contraire, sembla un moment vouloir l'écraser sous son regard de haine et de mépris. Quant à Wa-hina, sa première sensation fut un mouvement de terreur profonde qu'elle manifesta en reculant de quelques pas, en même temps qu'elle saisissait de chaque main la main de son père et celle du jeune Indien, comme pour s'en faire un bouclier.

— « A la horca! à la horca! el traidor, el demonio del infierno. »

Ce cri qui s'éleva de divers points de la foule retentit bientôt comme une voix immense, et devint le signal d'une manifestation populaire qui menaçait de transformer, en sanglante tragédie, un drame déjà si palpitant d'intérêt; des mains crispées s'étendaient déjà vers Culebra pour s'en emparer, lorsque Taddeo leva le bras pour demander la parole, le peuple s'arrêta aussitôt.

— Frères et amis, dit-il d'une voix accentuée, laissez la justice de votre pays prononcer sur le sort de cet homme; s'il est reconnu coupable, je ne veux pas que la vengeance soit pour quelque chose dans sa condamnation; si, au contraire, elle le déclare innocent, je me courberai devant le jugement des hommes, et j'invoquerai alors le grand Esprit qui préside aux destinées du monde, pour qu'il se fasse le vengeur du père et de la fille.

Des applaudissements frénétiques répondirent aux nobles sentiments exprimés par Taddeo, qui se dirigea alors vers la poterne de la ville, ayant toujours sa fille et le jeune Indien à ses côtés, et suivi des quatre autres Indiens conduisant Culebra au milieu d'eux. La foule marcha sur leurs pas, et bientôt il ne resta plus personne sur la place du Marché.

Toute la ville était déjà sur pied, et lorsque le cortége traversa dans sa longueur la rue Mercader pour se rendre à la place où est situé le bâtiment qui contient à la fois le tribunal, la prison et un corps de garde, beaucoup de blancs vinrent serrer la main à Taddeo et à Wa-hina.

Lorsque l'on fut arrivé sur la place, l'exaspération du peuple contre Culebra était devenue si grande que, pour l'empêcher d'être mis en pièces, il fallut aussitôt l'enfermer dans le cachot du corps de garde, où on le jeta dans un coin sur un tas de paille; et, en même temps, des citoyens de la ville obtenaient un ordre du gouverneur pour que les juges fussent immédiatement convoqués à leurs domiciles.

Tous ces préparatifs avaient demandé du temps, et le soleil avait déjà accompli plus de la moitié de sa course, lorsque le tribunal se trouva en mesure d'entendre la cause. Taddeo, sa fille et le jeune Indien étaient installés au banc des accusateurs; et non-seulement la partie de la salle habituellement dévolue au public, mais les corridors, les escaliers, et même les abords extérieurs de l'édifice, étaient encombrés par une foule compacte. Enfin l'ordre fut donné d'amener Culebra.

Tout à coup une immense clameur partit du dehors, clameur qui se communiquait de proche en proche et dont un spéctacle inattendu donna bientôt l'explication. La foule s'ouvrit à l'entrée de la principale porte et l'on vit arriver quatre soldats qui déposèrent sur le parquet le cadavre de Culebra. Ce fut d'abord un tumulte effroyable, surtout parmi les spectateurs, chacun voulant s'assurer par lui-même de la réalité de cette mort si extraordinaire, et dont aucune trace extérieure ne faisait deviner la cause. Le docteur L. fut appelé, et, après avoir minutieusement ausculté le cadavre, lui avoir desserré les mâchoires et soulevé les paupières, il déclara sans hésiter que la mort du sujet était le résultat d'une apoplexie foudroyante.

— Mais, comment se fait-il, demanda un spectateur, que Culebra, qui a été mis en prison les membres enchaînés, ait été transporté ici avec ses liens relâchés?

— Ceci, dit le docteur L., n'est point de mon ressort et n'infirme en aucune façon le jugement que j'ai porté sur la mort du sujet.

— Remarquez en outre, ajouta le spectateur ingénieux, que cette *reata* (tresse en cuir du lazo) a été, non pas cassée, mais coupée par un instrument tranchant, et que ce n'est pas Culebra lui-même qui a pu le faire, puisqu'il n'avait pas le libre usage de ses membres. Il faut donc que quelqu'un soit entré dans sa prison pour lui rendre ce service.

Le docteur L. dédaigna de répondre à ces observations ; il se contenta de jeter un regard assuré sur l'assemblée, et, levant la main d'un air solennel, il ajouta :

— Je maintiens mon opinion.

— Voulez-vous me permettre d'examiner cet homme à mon tour, demanda l'interrupteur, qui n'était autre que Ludwig.

— Et lorsqu'il eut mis à nu sa poitrine et son cou : « je ne m'étais pas trompé, dit-il, ce misérable a voulu prévenir son exécution judiciaire, et il s'est tué avec du *wourara*, de tous les toxiques végétaux, le plus prompt et le plus sûr. Tenez, ajouta-t-il, en s'adressant au tribunal, et montrant sous l'oreille droite du cadavre une égratignure assez profonde pour avoir donné lieu une à légère émission sanguine, voici par où le poison a été introduit dans la circulation ; c'est à vous maintenant qu'il appartient de rechercher celui qui a rendu la liberté des mains au coupable. »

Tout le monde fut émerveillé de la profonde sagacité de Ludwig. Le docteur L., seul, était mécontent et voulait entamer une dissertation scientifique, mais personne ne l'écouta.

Toutes les recherches faites dans le personnel des geôliers et des surveillants de la prison, ne firent pas découvrir celui qui avait favorisé la dernière escapade de Culebra.

Taddeo, Wa-hina et leurs compagnons, après avoir passé quelques jours à Panama au milieu des ovations de toute la race indienne qui peuple encore ce district de la république novo-grenadine, s'en retournèrent dans leur tribu où Wa-hina devint peu de temps après l'épouse du jeune chef qui l'avait arrachée aux mains de Culebra; conclusion qui laissa, dit-on, de nombreux regrets parmi la jeunesse élégante de Panama, et même à quelques veillards qui n'auraient pas été fâchés de greffer sur leur pauvre, mais honorable souche, le sang indien d'une jeune fille dont la beauté, les vertus et l'immense fortune effaçaient à tous les yeux cette tâche originelle.

QUINZE JOURS A LA MARTINIQUE

QUINZE JOURS A LA MARTINIQUE

Débarqué sur la plage de Saint-Thomas par un canot du vapeur anglais la *Clyde*, qui m'avait pris à Chagres avec une fièvre paludéenne gagnée en une seule nuit de séjour dans cette affreuse bourgade, je rencontrai, sur le seuil de l'hôtel où je me rendais, L..., jeune créole de la Martinique, avec lequel j'avais vécu dans l'intimité, à Paris, quelques années auparavant. Il me pressa vivement de l'accompagner sur son habitation, où un changement d'air pouvait m'être favorable; j'acceptai sans trop de façon, et, le lendemain, nous prenions passage à bord de l'*Eagle,* autre vapeur anglais qui fait l'escale des petites Antilles.

Bien que le vent fût contraire et la mer houleuse, car nous étions à l'entrée de l'hivernage, notre packet en miniature filait en moyenne ses huit nœuds (trois lieues moins un tiers) à l'heure. Nous tou-

châmes successivement à Montserrat, à la Guadeloupe et à la Dominique; et le troisième jour de
notre navigation, vers les six heures du matin, nous
étions par le travers de la Martinique.

Vue de loin, à travers la brume, la Martinique
ressemble à un sombre rocher, déchiré par d'énormes
crevasses et des falaises à pic, mais, à mesure que
l'on se rapproche de l'île, ces pentes abruptes s'a-
doucissent dans leurs arêtes, de nouvelles nuances
se font pressentir, et bientôt apparaît, dans toute sa
splendeur tropicale, une végétation riche en har-
monies et en contrastes, puissante et vivace comme
le soleil qui la féconde. Tout le long de ses rives
dentelées de petites baies au sable d'argent, de promontoires accorés de récifs que le ressac blanchit
d'écume, se groupent de jolies habitations à demi
cachées sous leurs dômes de verdure, des cases à
nègres, entourées de leurs jardins, des usines à
sucre, surmontées de leurs hautes cheminées qui
lancent des nuages de fumée; enfin, lorsque nous
eûmes doublé la pointe du Carbet, nous découvrîmes,
au centre d'un hémicycle déterminé par deux caps
qui s'avancent comme les pointes d'un croissant, la
ville de Saint-Pierre, construite en amphithéâtre
sur le versant d'un morne, et dominée par une
chaîne de pitons volcaniques dont l'un s'est réveillé
depuis quelques années pour vomir des torrents de

boue et de fumée, avec un grondement qui ressemble à celui du tonnerre, mais sans grands inconvénients pour âme qui vive.

Sous nos yeux se déployait le spectacle animé d'une rade immense où stationnaient encore, malgré la saison avancée, une vingtaine de navires de commerce, la proue tournée au large, et opérant à la hate leur chargement de retour. La mer, unie comme une glace, était, à cette heure matinale, sillonnée dans tous les sens, par d'énormes chalands appelés *gros-bois*, chargés de boucauts, par de gracieuses embarcations, pavoisées de leurs blanches voiles, et par légères pirogues, creusées dans un tronc d'arbre, qui semblaient voler à la surface des eaux comme l'hirondelle et la satanite.

Par delà cette ligne de bâtiments parallèle au rivage, apparaît la place Bertin, ombragée par d'énormes catalpas et des sabliers séculaires. Tout y était en mouvement : les portes des magasins, ouvertes à deux battants, livraient passage à de nombreuses barriques de sucre et de sacs de café, que des noirs vigoureux, nus jusqu'à la ceinture, faisaient rouler jusqu'à l'embarcation qui devait les transporter à bord des navires, et les buvettes, où les femmes de couleur vendent aux ouvriers et aux marins des cigares appelés longs bouts, du tafia et du mabi, étaient assiégées par de nombreux clients.

Une massive potence, faisant face à la mer, et à laquelle je me souviens d'avoir vu plus d'une fois se balancer, au souffle de la brise, un corps inanimé, formait jadis un lugubre constraste avec cette animation générale; mais cet instrument de supplice a disparu en 1848.

Nous débarquâmes sur le tablier d'un petit warff, le long duquel l'*Eagle* vint s'amarrer, et nous nous empressâmes de gagner l'hôtel des Antilles, où un bain et un déjeuner confortable nous eurent bientôt fait oublier les fatigues de la traversée. Alphonse s'empressa d'écrire à sa famille pour lui annoncer son arrivée, et j'allai me promener dans la ville avec l'espoir d'y retrouver quelques-uns des amis que j'y avait laissés vingt ans auparavant.

La ville de Saint-Pierre, dont la population s'élève à une quarantaine de mille âmes, dont les hommes de couleur, plus ou moins foncés, forment les cinq huitièmes, est divisée en deux quartiers : le fort et le mouillage, séparés l'un de l'autre par un ruisseau que l'on traverse sur un pont. Le premier forme la partie haute; le second, la partie basse de la ville. Les rues du fort sont étroites, tortueuses et ne sont guère habitées que par la classe ouvrière; le mouillage, au contraire, se compose d'une longue et belle rue parallèle à la rade, et coupée à angles droits par d'autres rues plus courtes. C'est dans ce quartier que se tient le haut commerce.

Saint Pierre ne possède aucun monument digne d'être cité : et, d'ailleurs, à quoi bon des monuments dans une ville qui est toujours sous le coup d'un cataclysme volcanique? Quelques édifices méritent pourtant, au point de vue de l'utilité, une mention honorable : ce sont des hôpitaux civils et militaires parfaitement tenus, une salle de théâtre dans laquelle on surprend de temps en temps des nichées de serpents fort dangereux, et un jardin des plantes destiné à naturaliser, dans la colonie, des arbres à épices et des plantes provenant des Indes orientales. Ce dernier établissement a été longtemps dirigé par le docteur Ruffz, aujourd'hui directeur du Jardin d'acclimatation de Paris.

Le surlendemain, dès la pointe du jour, j'étais en route avec Alphonse pour l'habitation de sa famille. Son père nous avait la veille envoyé deux chevaux et un jeune noir, frère de lait d'Alphonse, qui portait dans un panier caraïbe des vêtements de rechange, viatique obligé du blanc dans ses moindres excursions.

Au sortir de Saint-Pierre, nous suivîmes, pendant une demi-heure, une route à peu près plane qui conduit au morne Rouge; puis nous nous engageâmes dans des sentiers à peine marqués, courant sur la déclivité des premiers volcans dont la chaîne

divise le territoire de la Martinique dans sa plus
grande longueur, c'est-à-dire du nord-nord-ouest
au sud-sud-est; tous leurs sommets, capricieuse-
ment accidentés, sont restés infertiles partout où
les anciennes éruptions ont déposé leurs couches
de laves et de cendres, mais sur leurs pentes s'épa-
nouissent des forêts impénétrables au soleil, où la
nature tropicale semble échantillonner, dans le
secret de l'ombre, ses productions les plus merveil-
leuses. On dirait une gigantesque macédoine d'arbres,
d'arbustes et de plantes rampantes et grimpantes,
enlacées les unes aux autres par d'inextricables
nœuds, et formant de sombres massifs qui verdis-
sent là depuis des siècles, naissant, mourant, dans
leur indépendance native, sans que la main de
l'homme vienne troubler l'ordre de leurs destinées.
Sur les plateaux intermédiaires et dans les
gorges qui séparent les mornes, s'éparpillent des
pelouses parsemées d'arbres au bois précieux, tels
que l'acacia dur, l'acajou, le courbaril, le figuier des
Indes, le fromager, le gaïac, le gommier et le cam-
pêche, et en même temps des arbres à fruits, tels
que le cocotier, le dattier, l'arbre à pain, l'avocatier,
dont le fruit, de la grosseur d'un petit melon, renferme une pulpe qui mérite le nom de beurre
végétal; la liane, dont les fruits semblables à de
petits citrons, contiennent une crème parfumée; le

canellier, le sapotillier, le goyavier, et d'autres arbres inconnus en Europe, et dont le sol brûlant des tropiques conservera éternellement le monopole. Nous traversions de temps en temps des forêts d'orangers et de citronniers dont nous pouvions atteindre les fruits dorés en nous haussant sur nos étriers. A chaque instant, se dressaient devant nous de gigantesques fougères dont le tronc, de la grosseur du corps d'un enfant, atteint jusqu'à vingt pieds d'élévation, et dans le lointain, sur les plateaux supérieurs des mornes, des groupes de palmistes au tronc lisse et brillant, et surmontés de leurs aigrettes de feuilles, se dessinaient sur l'azur du ciel, semblables à des géants placés en embuscade.

En débouchant sur le territoire du Macouba, bourgade célèbre par les qualités de son tabac à priser, nous fîmes rencontre d'un habitant abrité sous un panama large comme un cocotier ; c'était un arrière-petit-cousin de mon compagnon de voyage. Il fallut, bon gré mal gré, la reconnaissance faite, descendre de cheval pour aller prendre le coup de l'étrier sur son habitation, qui, par bonheur, ne s'écartait guère que d'un quart de lieue de notre route.

Ce coup de l'étrier du matin s'appelle *décoller le mabouya*. Le mabouya est une espèce de salamandre dont les pattes, armées d'onglets crochus, lui permettent de se tenir sur les surfaces les plus polies; il est donc très-difficile de lui faire lâcher prise : nous fûmes obligés de vider une bouteille de madère pour nous débarrasser du nôtre.

A la suite du territoire du Macouba se trouve celui de la Basse-Pointe, autre bourgade réputée pour la fertilité de son sol et la supériorité de ses sucres. Là, nous rencontrâmes, à l'entrée du bourg, un camarade d'Alphonse, occupé à dresser un petit cheval de Porto-Rico, destiné, nous dit-il, à servir de monture à sa femme. J'espérais qus nous en serions quittes pour l'accolade ; pas du tout : il fallut cette fois accepter le déjeûner complet, sous peine d'avoir une affaire sérieuse avec cet intime qui avait eu la chance de tuer deux hommes en duel, et d'en blesser trois ou quatre autres, ce qui en faisait une des notabilités les plus respectables de toute l'île. Notre déjeuner se composa du plat de morue élémentaire, de gibier et de poisson nageant dans une sauce au piment, le tout arrosé de quelques bouteilles de bordeaux, et d'une théorie toute nouvelle sur le duel et la manière de s'en servir.

En quittant la Basse-Pointe, nous eûmes à franchir le morne Calebasse, au bas duquel nous trouvâmes le bourg de la Grande-Anse. La vue de cette bourgade me rappela aussitôt un événement qui s'y était passé bien des années auparavant, pendant mon premier séjour à la Martinique. Mme A. de F., d'un âge très-avancé, et appartenant à une des principales familles de la colonie, venait de mourir. Le domestique de confiance de la maison, un mauvais drôle qui, sous des apparences de dévouement pour ses maîtres, cachait les instincts les plus pervers, eut une singulière fantaisie, celle de donner pour tombeau, aux restes de la défunte, l'estomac des habitants de la paroisse. Il confectionna en conséquence des *acras*, espèce de tartelettes qui se composent de graisse de porc, de sucre, et de pulpe de coco, et employa le corps de sa maîtresse en guise de saindoux. Cette atroce profanation ne fut connue qu'un an plus tard, lorsque ce même domestique, condamné à être pendu pour d'autres crimes, eut consenti à faire des aveux. — J'ai connu beaucoup de personnes qui avaient mangé de ces *acras*.

De la Grande-Anse, nous poursuivîmes notre route jusqu'au Marigot l'une des plus petites paroisses de l'île, et où l'on cultive presque uniquement le café. J'y demandai en passant des nouvelles de l'abbé Lhuillier, le dernier survivant des frères prêcheurs qui avaient été envoyés dans l'île vers le milieu du dernier siècle. Ce digne pasteur, me fut-il répondu, était mort depuis quelques années seulement, laissant dans la paroisse qu'il avait si longtemps administrée, le souvenir impérissable de sa bienfaisance et de ses vertus. Il avait atteint l'âge de cent huit ans.

Au sortir du Marigot, nous nous trouvâmes sur les terres de la paroisse de Sainte-Marie, où est située l'habitation L... Aussitôt Alphonse, dont le cœur commençait à battre plus vite à mesure qu'il se rapprochait de la maison paternelle, lança son cheval au galop, et au bout de quelques minutes d'une course à fond de train, nous faisions une entrée bruyante au milieu de la principale cour de l'habitation, jetant le désordre parmi les canards et les poules, livrés à la sieste autour d'un bassin ombragé par de grands cotonniers.

Alphonse n'avait pas encore mis pied à terre, qu'une vieille négresse, les yeux humides de larmes, lui jeta les bras autour du cou, en l'appelant son cher enfant, son fils (*Hiche moi*). Au même instant, une dame d'un certain âge, et deux jeunes et jolies filles en robe blanche, s'élancèrent d'une salle au rez-de-chaussée, et se prêtèrent tour à tour aux chaudes caresses du fils et du frère. Je me tenais modestement en arrière pour ne pas gêner ces doux épanchements, lorsque Alphonse vint me prendre par la main et me présenta à ces dames comme un de ses plus anciens et meilleurs amis. Je n'ai pas besoin de dire que l'accueil de cette aimable famille fut tel que je pouvais le désirer, gracieux et cordial comme on le faisait aux beaux temps de l'hospitalité créole.

— Et mon père? demanda Alphonse.

— Le vent souffle du sud, et tu demandes où peut être papa? interrompit la plus jeune des sœurs portant le joli nom de Lydie; papa chasse les pluviers dans la savane.

Alphonse sourit et leva le doigt en signe de menace.

— Je dirai à papa que tu te moques de lui, méchante espiègle.

— Et tu peux lui dire encore, ajouta la charmante malicieuse, qu'il a hésité un moment entre Soliman, qui l'attendait, tout sellé, pour le conduire au-devant de toi, et les pluviers dorés, et que ce sont les pluviers qui l'ont emporté.

— Il faut laisser ce bon père à ses plaisirs, me dit Alphonse au moment où nous entrions dans un salon garni de divans et de hamacs; la chasse est son unique passion, et, pour lui, l'hivernage, cet affreux temps de pluies, de coups de vent et de tremblements de terre, est la seule belle saison de l'année, parce qu'elle nous amène les oiseaux de passage qui émigrent tous les ans, aux approches du froid, de l'Amérique du Nord, pour chercher, sous un ciel plus tempéré, la nourriture qui

12.

va leur manquer dans leurs régions glaciales.

En ma qualité d'étranger, je fus installé dans la chambre d'honneur, au premier. Deux domestiques m'y précédèrent, l'un chargé d'un plateau sur lequel était placé un verre de sangris au madère, avec des cigares, l'autre, d'un hamac de Guayaquil aux brillantes couleurs, qu'il accrocha aux angles diagonaux de ma chambre, et, sur ma réponse que je ne désirais pas autre chose, ces messieurs se retirèrent en fermant la porte pour me laisser à moi-même.

Mon sommeil pouvait avoir duré une couple d'heures, lorsque deux coups de fusil, tirés sous ma fenêtre, me réveillèrent en sursaut. Je me laissai glisser à bas de mon hamac et regardai à travers mes persiennes. Alphonse était entre les bras d'un vieillard de taille athlétique, dont le visage et les mains étaient noircis par la poudre et les vêtements maculés de boue. Deux nègres l'accompagnaient, l'un chargé d'une panoplie de fusils, l'autre d'un filet rempli de gibier.

« Décidément j'ai de la chance aujourd'hui, s'écriait le grand vieillard entre deux embrassades : te voilà enfin de retour, et les pluviers aussi ; tu as bonne mine, Dieu merci, et le vent est au sud, plein sud. Hein ! quel bonheur ! plus de cinquante pluviers, mon garçon, rien que cela pour aujourd'hui,

et six becs crochus, six, entends-tu bien ! Mon cher
enfant, mon bon Alphonse, que je suis donc heureux de te revoir ! »

Il eut été malséant de troubler ce colloque de famille ; je me recouchai donc dans mon hamac après
avoir allumé un cigare. Un moment après, Alphonse
monta, la figure encore barbouillée de l'accolade
paternelle. — Venez, me dit-il, je veux vous
présenter à mon père dans son costume de chasse.

« Soyez le bienvenu dans ma pauvre demeure,
me cria le père d'Alphonse en me serrant dans ses bras
à m'étouffer. Vous êtes l'ami de mon fils, vous nous
appartenez, c'est entendu. Pas un mot, s'il vous
plaît, demain matin vous aurez un bon fusil, un
Mortimer, un Menton, à votre choix, et des pluviers
tant que vous voudrez ; ne me dites rien... ne répondez pas... je connais votre affaire .. Hé ! Télémaque,
mon verre de gin et un *bout ;* allons, petit, qu'on se
dépêche ! »

Et, tout en parlant ainsi, sans qu'il me fût possible de placer un seul monosyllabe, M. L. se dépouil-
lait de la tête aux pieds, jetant sa défroque dans
tous les coins de la chambre, sans plus de gêne que
si j'eusse été un de ses nègres.

L'hospitalité créole est citée à bon droit comme la
plus noble et la plus désintéressée de toutes les
hospitalités sans en excepter même celle des Écos-

sais; je me trouvai bientôt à mon aise comme si j'eusse fait partie de la famille; au lieu d'un fils, on eût pu croire qu'il y en avait deux de retour sous le toit paternel. Le soir, le dîner se prolongea fort tard, grâce aux toasts nombreux que le père d'Alphonse fit succéder au dessert. A sept heures, la cour était envahie par une quarantaine de travailleurs noirs, anciens esclaves de l'habitation, et autant de coolis nouvellement transportés de l'Inde ; chacun déposa devant lui une botte d'herbe de Guinée, destinée à la nourriture des bêtes de labour, et madame L., agenouillée avec ses enfants sur une banquette, prononça à haute voix une prière à laquelle se joignirent tous les noirs. Quant aux coolis, qui professent pour la plupart le bouddhisme ou la religion musulmane, ils formèrent à l'écart un groupe silencieux et immobile.

A peine la prière terminée, tous les noirs, jeunes et vieux, s'empressèrent de venir souhaiter la bienvenue à leur ancien jeune maître. Que d'affection vraie, d'inaltérable soumission et de joyeuse surprise se lisaient sur ces visages bronzés dans cette pantomime énergique, dans ces acclamations partant du cœur ! C'était une véritable fête pour ces bonnes gens, dont les uns avaient vu naître Alphonse, et dont les autres avaient partagé les jeux de son enfance. Madame L. voulut la compléter en faisant faire une ample distribution de tafia à tous les travailleurs noirs et indiens. Ces derniers s'enivrèrent consciencieusement dans leurs cabanes, mais les noirs passèrent la nuit à danser en improvisant des chansons en l'honneur de leur jeune maître.

Pendant la nuit, le vent avait sauté à l'est. Le lendemain, le père d'Alphonse était exaspéré. « Comprenez-vous quelque chose à ce diable de vent, qui nous donne un temps affreux, (le ciel était limpide comme aux plus beaux jours) me dit-il d'un air d'indignation vraiment comique. J'espère pourtant qu'il virera de bord, car il n'a pas fait le tour du compas. Que vont dire d'A. et de L., que j'ai invités pour l'ouverture de la chasse ce matin ! Ils ne me le pardonneront pas. » Je m'efforçai de consoler mon hôte par quelques phrases de circonstance, mais je reconnus bientôt que je perdais mon temps, et que le vent du sud avait plus de pouvoir que mes raisonnements.

Les deux chasseurs attendus arrivèrent presque au même moment, l'oreille un peu basse, mais faisant contre fortune bon cœur. M. L., était seul inconsolable, et on ne put l'apaiser qu'en lui annonçant que le déjeuner était servi. Ses prévisions ne tardèrent pourtant pas à se réaliser. Vers onze heures, le ciel, qui n'avait pas cessé d'être d'une limpidité désespérante, se voila peu à peu de nuages que le vent du sud-ouest poussait rapidement du côté de la mer. A ce signe infaillible d'un temps exécrable, tous les visages redevinrent radieux. Ces Messieurs avalèrent leur dernière bouchée comme si l'ennemi était à nos portes, et chacun de nous, complétement armé et équipé, marcha, en rang de bataille et d'un pas résolu, vers le terrain de chasse.

La pluie commençait à tomber fine et serrée, les *ajoupas*, petites guérites en bambous, échelonnées autour de la savanne, furent distribuées aux chasseurs, et nous attendîmes en silence l'arrivée du gibier. Tout à coup, du sein des nuages qui flottaient au-dessus de nos têtes, s'échappa un sifflement aigu auquel des sifflements plus lointains vinrent répondre.

« Attention, messieurs ! » nous cria aussitôt M. L., et en même temps il emboucha un petit flageolet à trois trous, sur lequel il se mit à exécuter un allegro des moins mélodieux, à mon avis, mais plein d'attraction, comme je pus m'en convaincre, pour les pluviers dont il imite l'appel, lorsque, dans leur pèlerinage par de-là les immensités de l'Océan, ils découvrent au-dessous d'eux un terrain de picorée et de repos. Les autres chasseurs s'empressèrent également d'emboucher leurs sifflets, et au milieu

de ce quatuor qui pouvait, à la rigueur, se passer
d'ensemble, je vis tout à coup fondre sur nous une
immense caravane de pluviers dorés. Leurs rangs
pressés se déployèrent en longues spirales qui,
scindées à chaque instant par les décharges alternées de nos fusils, se resserraient aussitôt comme
l'immortelle phalange des Espagnols à Rocroy. Ce
fut une véritable Saint-Barthélémy de la gent
emplumée; le sol était littéralement jonché de
morts et de mourants, et malgré cette brutale
réception, le corps d'armée, qui se composait encore
de plusieurs milliers de pluviers, continuait à se
rapprocher de nous et finit par s'abattre au milieu
de la savanne.

« Allons, Ulysse; allons, Télémaque! en
avant les tromblons! s'écria d'une voix tonnante
M. L. »

A cet appel pressant, les deux nègres, porteurs de
ces beaux noms antiques, et dont l'un était le père
nourricier, l'autre le frère de lait d'Alphonse, s'a-
vancèrent d'un pas grave et mesuré, et déchargèrent
sur le corps d'armée des pluviers leurs énormes
tromblons à gueule évasée, qui, bourrés de poudre
et de mitraille, rasèrent, comme une faux, le
champ de bataille, avec une effroyable détonation,
et en culbutant leurs pointeurs dans la vase, l'é-
paule presque désarticulée par la violence du recul.

La journée tout entière se passa à charger et à décharger nos fusils sans changer de place. Il fallut bien s'arrêter lorsque la nuit fut venue, et encore M. L. se désolait-il en entendant le sifflement d'autres bandes de pluviers qui passaient au-dessus de nos têtes, et que l'obscurité nous empêchait de voir. Lorsque nous fîmes notre rentrée triomphale à la maison, je ne fus pas peu surpris, en donnant un coup d'œil à une glace, de me trouver tout aussi noir de poudre et caparaçonné de boue que M. L. m'était apparu la veille. Mes compagnons ressemblaient à des tapirs sortant d'un marécage ; quant au sage Ulysse et à son fils Télémaque, dont la joue et l'épaule droite portaient encore l'empreinte des crosses des tromblons, ils se montraient aussi fiers de ces marques glorieuses que les héros d'Homère lorsqu'ils revenaient blessés des champs de bataille de la Troade.

Dans la soirée, il y eut une nouvelle bourrasque du sud-ouest, et vers une heure du matin nous ressentîmes trois secousses consécutives de tremblement de terre. Aussitôt tout le monde fut debout et se précipita hors de la maison. « Rassurez-vous, cela ne sera rien du tout, » nous cria le père d'Alphonse, qui vint nous retrouver, le cigare à la bouche, dans la cour, où tout le monde s'était instinctivement réfugié sans trop de souci de sa toilette.

La maison est solide, et elle en a vu bien d'autres.
Rentrez donc sans aucune crainte. Ces dames vont
nous préparer du thé pendant que nous ferons une
bouillotte anodine.

« Vous vous effarouchez comme des pluviers qui
ont déja vu le feu, continua-t-il, lorsqu'après avoir
mis ordre à notre tenue, nous nous retrouvâmes au
salon. Il en est des tremblements de terre comme
des fagots, c'est le tout de s'y connaître; notez
donc bien qu'à la Martinique, lorsqu'un tremblement de terre débute par des oscillations de l'est à
l'ouest, vous n'avez absolument rien à craindre.
Supposez alors que notre bonne terre tropicale éter-
nue pour nous donner signe de vie, et répondez :
Dieu vous bénisse. Mais si les oscillations, au contraire, se font sentir du nord au sud, c'est une
preuve que la chaîne volcanique, qui a donné naissance à notre île, vient d'être ébranlée sur ses foyers
mal éteints : fuyez alors sans faire vos paquets, et
réfugiez-vous, si vous en avez le temps, sous les
grands arbres, car cet effrayant cataclysme, qui
brise comme du verre les ouvrages les plus solides
des hommes, semble respecter ce qui est l'œuvre de
Dieu. Lors donc que je vous ai dit, il y a un moment, que vous n'aviez rien à redouter, c'est que je
m'étais assuré que les oscillations avaient lieu de
l'est à l'ouest. »

Le raisonnement de M. L. pouvait être des plus concluants pour des gens expérimentés en pareille matière ; pour ma part, j'avoue qu'au premier craquement de mon lit et des meubles de ma chambre, j'avais pris la fuite, sans me préoccuper duquel des quatre points cardinaux partait le coup d'archet qui le mettait en danse.

« En 1827, continua M. L., le jour même où la ville de la Basse-Terre à la Guadeloupe fut presque entièrement détruite par un tremblement de terre, accompagné d'un coup de vent et d'un raz de marée, tels qu'on n'en avait jamais vu, j'habitais avec ma femme et mon Alphonse, qui avait alors quatre ans, le bourg de Sainte-Anne, où je faisais valoir une sucrerie, héritage de mon oncle. Il avait fait toute la matinée une chaleur accablante, sans le moindre souffle de vent, et nous faisions notre sieste sur le gazon de notre jardin, à l'ombre des grands orangers qui étendaient leurs branches au-dessus d'un bassin à jet d'eau, entouré de fleurs et de plantes. La raréfaction de l'air semblait avoir ôté toute leur force aux tiges de ces fleurs : leurs feuilles pendaient languissantes, et leurs corolles, desséchées, s'inclinaient jusqu'à la surface de l'eau, comme pour s'y baigner, et aspirer la fraîcheur qui leur manquait. Tout à coup, le jet d'eau qui s'élevait perpendiculairement au centre du bassin cessa de

jaillir, en faisant entendre un bruit semblable à celui
d'un entonnoir qui se dégorge. Un moment après,
il s'éleva de nouveau à une hauteur prodigieuse,
pour s'arrêter encore en produisant le même bruit.
Nous en étions à nous demander la cause de ce phé-
nomène, lorsqu'une première commotion, suivie
presque instantanément d'une seconde plus violente
encore, ébranla le sol sous nos pieds et fit craquer
dans toutes ses articulations la maison où les restes
de notre déjeuner étaient encore sur la table.

« Saisir mon fils entre mes bras, tandis que j'en-
traînais ma femme paralysée par la terreur, et m'é-
lancer avec eux vers un ajoupa de bambous encastré entre deux monticules plantés de grands
palmistes, fut pour moi l'affaire d'un instant. A
peine étions-nous réfugiés dans cet asile, dont l'ex-
trême fragilité fait un abri plus sûr que les plus
solides murailles, que nous ressentîmes une nouvelle série de secousses assez semblables au mouvement de tangage d'un navire. J'en éprouvais une
espèce de vertige, et c'est à peine si j'entendais le
sifflement du vent qui tourbillonnait au-dessus de
nos têtes.

« Pendant cette courte période d'angoisses, ma
femme, accroupie dans un angle de l'ajoupa, avec
son fils pressé contre son sein, ne répondait à mes
paroles d'encouragement que par des exclamations

de terreur parmi lesquelles se mêlaient d'autres
cris du dehors, au milieu d'un fracas sinistre
dont la cause n'était que trop facile à comprendre.

« Lorsqu'il me fut enfin possible d'envisager de
sang-froid notre situation, je m'aperçus que ma
femme, mon fils et moi, n'étions pas les seuls habitants de l'ajoupa ; deux petites négresses de service dans la maison s'y étaient également réfugiées à
notre insu, et se tenaient accroupies dans l'angle le
plus reculé, pendant que je m'étais instinctivement
étendu en travers de l'ouverture, comme pour en
défendre l'entrée.

« Le tremblement de terre avait cessé, et l'ouragan ne faisait plus entendre sa voix formidable. Je
me hasardai alors à sortir de l'ajoupa, après avoir
donné l'ordre aux deux petites filles de ne pas quitter un seul instant ma femme et mon fils. Mes premiers regards se portèrent sur l'Océan. Son niveau
s'était-il élevé, ou la terre elle-même s'était-elle af-
faissée ? C'est ce qu'il me fut d'abord impossible de
décider, tant l'horizon me semblait rétréci autour
de moi. Je voyais des vagues monstrueuses accourir
en rugissant du large, et s'élancer avec fureur contre les rochers, que ces chocs répétés faisaient trem-
bler sur leur base, et, lorsque la lame se retirait,
chaque fissure de cette falaise de granit devenait

un jet d'écume qui bouillonnait en retombant dans la mer.

« Je retournai vers ma femme pour lui recommander de ne pas quitter l'ajoupa avant mon retour, et je m'élançai du côté où nous avions laissé notre maison. Comment vous peindre le spectacle qui s'offrit à mes yeux ! Un monceau de débris informes était tout ce qui restait de cette habitation, si gracieuse et si gaie quelques minutes auparavant.

« J'appelai de toutes mes forces, mais aucune voix ne répondit à la mienne. Partout, autour de moi, régnait le silence du tombeau, et le soleil, comme par dérision, éclairait de joyeux reflets l'éternelle verdure des arbres et des plantes qui bruissaient doucement au souffle de la brise.

« Une de ces coquilles de lambic, qui servent aux commandeurs pour rappeler les travailleurs de l'atelier, se trouvait à mes pieds. Je la portai à mes lèvres, et peu à peu, je vis arriver les nègres du jardin que la panique avait dispersés, mais qui n'avaient eu aucun mal. Sur mon ordre, ils se mirent avec ardeur à déblayer les décombres de ma maison, dans l'espoir d'y retrouver quelque être vivant parmi ceux qu'elle avait ensevelis.

« Le cadavre de notre cuisinier fut le premier qui s'offrit à nos yeux : sa mort avait dû être instantanée, car sa tête, prise entre deux grosses pierres, était aussi aplatie qu'une canne qui sort du pressoir. Un peu plus bas, nous retirâmes de dessous une travée, le corps presque méconnaissable d'une jeune esclave qui servait de femme de chambre à madame L.; ce n'était plus qu'une masse de chairs meurtries et d'os broyés. Dans ce moment je crus entendre un gémissement qui semblait sortir des profondeurs de la terre. Mes travailleurs l'entendirent également. Dès lors je n'eus plus à les encourager, et ce fut avec une ardeur qui tenait du délire, qu'ils se mirent à déblayer cette tombe qui s'était refermée sur des vivants. Je dus non-seulement diriger, mais encore modérer leurs efforts, car il y avait à craindre qu'un nouvel éboulement n'ôtât la vie à ceux que la Providence semblait avoir si miraculeusement protégés. Nous arrivâmes enfin jusqu'à eux, et ce ne fut pas sans une de ces palpitantes émotions qui vous arrachent des larmes de bonheur au milieu des plus poignantes angoisses, que, dans une espèce de niche formée par une énorme poutre, qui avait fait arc-boutant, je reconnus ma pauvre Pénélope, la nourrice d'Alphonse, serrant contre son sein son fils Télémaque, qui criait comme un possédé, bien qu'il n'eût pas une seule égratignure. Pénélope était aux trois quarts asphyxiée, et avait le bras cassé en deux endroits.

Dans ce moment-là, je vous lejure, je me trouvai si heureux d'avoir pu sauver cette excellente créature et son fils, que je ne me préoccupai pas plus de la perte de ma maison que si c'eût été un ajoupa de chasse.

« Les oscillations s'étaient fait ressentir du nord-ouest au sud-est, » ajouta M. L. en forme de conclusion, et chacun fut se coucher.

Le lendemain fut un jour de calme plat. La nature tropicale, sans doute pour se faire pardonner son inconduite de la veille, avait repris son soleil resplendissant, son ciel d'azur et sa brise alisée, au grand mécontentement de mon hôte, que je surpris à mon lever, tourmentant, sans pouvoir en obtenir la moindre concession, un excellent baromètre qui s'obstinait à marquer le beau fixe.

Nous profitâmes, Alphonse et moi, de cette embellie, qui se prolongea pendant une semaine, pour aller faire quelques excursions dans le voisinage, en commençant par le bourg de Sainte-Marie, dont le seul habitant blanc était le médecin de l'habitation, diplômé docteur par je ne sais quelle faculté, celle de Tombouctou, je suppose, car il avait passé sa vie à bord des négriers et parsemait sa prose d'un latin de fantaisie que Sganarelle n'eût pas désavoué. En 1831, il s'est passé à Sainte-Marie un drame dans lequel j'ai, un peu malgré moi, joué un

rôle. Ce drame est d'une couleur tellement saisis-
sante, il peint avec tant de vérité les mœurs colo-
niales de cette époque de transition entre l'esclavage
et la liberté, que je n'hésite pas à le raconter avec
tous ses détails.

C'était peu de temps après la promulgation de la
loi qui accordait les droits civils et politiques aux
hommes de couleur libres et aux affranchis. Consi-
dérée, par les blancs créoles, comme une première
atteinte portée par un gouvernement libéral à leurs
anciens priviléges, en ce qu'elle élevait jusqu'à eux
des hommes qui, par leur naissance, touchaient à
l'esclavage ; et par ces derniers, comme une réhabilitation de leur race, cette loi souleva entre les deux
castes une haine implacable, dont un des premiers
symptômes fut le soulèvement des esclaves sur un
grand nombre d'habitations, et plus tard des voies
de fait entre les hommes de couleur libres et les
blancs.

M. L. M., fils d'un armateur de la Trinité, fut
insulté en pleine rue de Sainte-Marie, par un
homme de couleur cordonnier de profession, nommé
Horace, qui lui en voulait depuis longtemps. Pour
éviter un nouveau conflit, je me décidai à accompagner à cheval M. L. M. jusqu'à la Trinité, qui n'est
qu'à une lieue et demie de Sainte-Marie. Au premier mot sur cet événement, le père, la mère et leurs

trois filles, tous gens très-doux et très pacifiques en apparence, déclarèrent à l'unanimité qu'un duel seul pouvait rendre l'honneur à la famille. J'eus beau démontrer que l'offense partait de bas, et que, toute aristocratie de naissance à part, il était de mauvais goût qu'un gentleman s'alignât avec un artiste en chaussures ; M. M... et ces dames, surtout, y mirent de l'obstination.

Je consentis à aller, dès le lendemain matin, avec M. R., négociant à la Trinité, porter un cartel à Horace. J'espérais qu'il ferait amende honorable, je me trompais encore. Horace, encouragé par cinq ou six mauvais sujets du bourg, accepta le cartel, et il fut décidé, entre ses témoins et nous, que les deux adversaires échangeraient une balle de fusil à soixante pas de distance, et qu'ils prendraient l'épée si cette première passe d'armes était sans résultat. Il fut également convenu que le combat n'aurait lieu que trois jours plus tard, afin que ces messieurs fussent en état de s'escrimer convenablement en présence d'un public avide d'émotions et difficile à contenter.

La plage Richer, où devait avoir lieu la rencontre, était envahie dès cinq heures du matin par de nombreux spectateurs : de notre côté, c'était une soixantaine de blancs, accourus des extrémités les plus éloignées de l'île, et armés jusqu'aux dents, en prévision d'une bataille générale, et de l'autre un millier au moins d'hommes de couleur, dont la plupart étaient affublés de panoplies formidables.

Les deux pirogues, portant les combattants et les témoins, l'une partie de Sainte-Marie, l'autre de la Trinité, accostèrent en même temps la plage. Sur la nôtre était M. M. le père, qui s'était obstiné à venir en dépit de nos représentations. Nous nous mîmes aussitôt en rapport avec les témoins d'Horace, pour exécuter les conventions arrêtées ; mais ces messieurs avaient changé d'avis. Au lieu d'un seul coup de fusil échangé à soixante pas de distance, ils exigeaient qu'il y en eût deux échangés à trente-trois pas, avant d'en venir à l'épée. Nous nous opposons à cette modification du programme, mais M. M. proteste contre notre opposition, et veut que nous acceptions tout, même le combat à bout portant ; nous nous soumettons à l'exigence de nos adversaires.

Trente-trois petits pas sont mesurés et remesurés par les témoins, et les deux adversaires sont mis en présence. Un long espace vide s'étend derrière eux ; mais toutes les hauteurs environnantes sont couvertes de spectateurs Le silence est tellement profond, que l'on n'entend plus que le bruit mesuré du ressac, qui vient battre la grève. Je donne le signal, et il est suivi de deux détonations. Chacun s'attend à voir tomber l'un des combattants, mais ils restent debout l'un et l'autre : la précipitation qu'ils ont mise à tirer est cause qu'ils se sont manqués.

Jamais spectacle ne m'a laissé de plus palpitants souvenirs : je crois voir encore ces deux hommes pleins de jeunesse et de vie, dont l'un au moins allait s'endormir pour toujours dans un linceul ensanglanté. Ils se tenaient là immobiles, appuyés sur leurs carabines, qui fumaient encore, et chacun d'eux, irrité de voir son ennemi debout, semblait chercher sur sa poitrine l'endroit où il devait placer sa balle.

Les armes sont de nouveau chargées; tout est retombé dans le silence. Un instant après, le signal retentit. Mais cette fois les deux carabines s'abaissent lentement. Quelques secondes s'écoulent; enfin un coup part, c'est celui d'Horace. M., dont la balle a frôlé la tête, riposte presque au même instant. Je me tourne vers Horace, je le vois s'affaisser sur lui-même, la face couverte d'un nuage rouge. On accourt auprès de lui, on le relève. La balle lui avait traversé la tête, mais il avait encore toute sa connaissance; aussitôt, nous prîmes M. par la main, et le présentâmes aux témoins d'Horace, en leur demandant s'ils étaient satisfaits; sur leur réponse affirmative, nous remontâmes dans notre pirogue, laissant le champ de bataille et la vic-time livrés à l'ardente curiosité du public.

Ce premier duel entre blancs et hommes de cou-leur fut d'un mauvais exemple ; d'autres duels s'ensuivirent, et, peu de jours après, un blanc du Gros-Morne fut tué par un nouvel affranchi dans un duel au pistolet.

La Trinité, que nous visitâmes le lendemain, est plutôt une petite ville qu'un bourg : elle a justice de paix, garnison, administration de la douane, et son port est très-fréquenté par les navires amé-ricains qui font la pêche de la morue, et par des nantais. Avant de faire notre entrée dans le bourg, Alphonse me conduisit chez un ancien ami de sa famille, propriétaire d'une habitation ; nous le trou-vâmes assis sur son fauteuil et jouant du violon, bien qu'il fût affligé d'une surdité presque com-plète. Ce pauvre homme avait perdu toute sa fa-mille par le poison, et il était resté seul avec son violon, qu'il râclait du matin au soir, des larmes dans les yeux, et parlant à ses chers morts avec son instrument, qui rendait parfois des accents d'une sublime tristesse.

Le port de la Trinité est abrité, à l'est-nord-est, par la presqu'île de la Caravelle, longue pointe de terre couverte de forêts et de savanes, où se sont réfugiées, à la suite d'un cataclysme dont l'époque n'est pas précisée, diverses races d'animaux domestiques, tels que des bœufs, des moutons et des cochons, qui s'y sont multipliés, et que l'isolement et la liberté ont rendus à l'état sauvage. On leur fait quelquefois la chasse : mais ce n'est pas sans danger, car les bœufs sont très-agressifs, et les halliers pullulent de serpents venimeux.

Le bourg du Gros-Morne, que nous traversâmes pour revenir à Sainte-Marie, est situé au milieu des terres, et c'est à cause de cette situation exceptionnelle, car tous les autres bourgs de l'île sont riverains de la mer ou de rivières navigables, que ses habitants ont cette réputation de niaiserie que l'on attribue, en France, à ceux de Falaise.

Le poison a exercé de terribles ravages dans ces différentes localités ; des habitations entières ont été anéanties par ce terrible fléau. Était-ce l'effet d'une vengeance préméditée de la part des esclaves contre leurs maîtres, ou de cet instinct de destruction qui est un des caractères distinctifs de la race africaine. J'ai vu l'habitation L., dans le quartier de Sainte-Marie, entièrement dépeuplée en moins de deux mois. La mortalité commença par les mulets et les bœufs de labour; puis vint le tour des noirs travailleurs, chaque jour, deux, trois esclaves mouraient presque subitement, sans agonie, sans que le moindre symptôme d'une affection quelconque, avant la mort, la plus petite trace de poison, après l'autopsie, vinssent éclairer la science médicale. M. L. soupçonna un peu tard, car sa ruine était consommée, l'hospitalière de l'habitation, vieille négresse dont la physionomie avait un caractère diabolique de méchanceté. Il la fit enfermer, et aussitôt la mortalité s'arrêta. Une chose affreuse, que je ne dois pas taire, c'est que M. L. fit mourir cette femme de faim, dans l'espoir d'en obtenir l'aveu de son crime ; mais elle expira sans avoir voulu répondre une seule parole aux promesses et aux menaces qu'on lui faisait chaque jour à travers la porte de son cachot.

Il y a eu de tout temps des empoisonneurs de profession parmi les nègres esclaves des Antilles ; les révélations d'un grand nombre d'entre eux, au moment de subir le dernier supplice, espèce de bravade qu'ils jetaient à la face des juges qui venaient de les condamner, ne laissent aucun doute à cet égard. Quant au poison dont ils faisaient usage, on n'en a jamais retrouvé la trace. Sans compter le mancenillier et une plante parasite appelée le brinvilliers, la Martinique renferme un si grand nombre de végétaux vénéneux, qu'on ignore auquel ils ont pu donner la préférence. On a prétendu également que les empoisonneurs appartenaient au *vaudoux*, secte religieuse qui a pris naissance à Bomba, dans l'intérieur de l'Afrique, d'où elle s'est propagée sur toute la côte des esclaves, depuis Angola jusqu'au cap Lahou ; mais cette opinion est contestée.

Le vaudoux, en Afrique, a pour divinité une couleuvre inoffensive qui détruit les insectes et pousse la familiarité jusqu'à se loger dans les maisons et partager la couche de leurs habitants. Il est défendu, sous les peines les plus sévères, de lui faire le moindre mal, et un roi du Loango fit massacrer tous les cochons de son royaume, parce qu'un de ces animaux avait dévoré un reptile sacré. Des hymnes en langue du pays, des danses vertigineuses au son du tam-tam, où les acteurs, hommes et femmes, dans un état complet de nudité, arrivent au paroxisme de l'ivresse, des saturnales où la promiscuité joue le principal rôle, constituent le culte de cette divinité.

Ce culte a été publiquement pratiqué à Saint-Domingue sous le règne de Soulouque qui en était l'un des plus fervents apôtres, et il a de nombreux sectateurs à la Louisiane, où ils sont généralement redoutés, comme jeteurs de sorts et marchands de poisons. Sa présence dans nos colonies n'aurait donc rien de surprenant.

Nous eûmes beau temps pendant toute une semaine pour faire nos excursions, mais, la semaine d'après, l'hivernage avait repris le dessus, c'est-à-dire que la pluie tomba par torrents. M. L..., était complètement heureux ; il ne quittait plus son ajoupa de chasse, où nous allions de temps en temps le retrouver pour prendre part à ses plaisirs.

Je venais de passer quinze jours dans cette aimable famille, et, lorsque j'annonçai mon intention irrévocable de partir le lendemain du quinzième, j'eus à me défendre contre les affectueuses instances qui m'étaient faites pour me retenir.

— Voulez-vous venir avec moi jusqu'au Marin ? me dit Alphonse la veille au soir : vous y trouverez le bateau à vapeur qui vous emmènera, en quelques heures et sans fatigue, à Fort-de-France, et de là à Saint-Pierre. C'est un petit voyage de trois jours. Accordez-moi cette dernière preuve d'amitié.

J'acceptai.

Le lendemain, nous reprîmes la route de la Trinité, que nous eûmes bientôt laissée derrière nous. A une lieue de là, nous traversâmes l'anse du Galion sur un bac, et nous suivîmes une côte basse frangée de palétuviers au-dessus desquels s'élèvent de loin en loin des mancenilliers au vert feuillage, chargés de petites pommes de l'apparence la plus innocente, mais qui recèlent un suc mortel. Le tronc de l'arbre lui-même contient une sève laiteuse tellement corrosive qu'elle brûle l'épiderme au plus simple contact.

Ce fut avec une espèce de soulagement que nous nous éloignâmes de cette mer sombre et immobile pour reprendre les sentiers à travers les plantations. Partout l'aspect de la campagne offre à l'œil une suite de tableaux pittoresques et imprévus. Ce sont tantôt des champs de cannes dont le soleil fait miroiter les longues feuilles surmontées d'une aigrette, ou des savannes au gazon épais, où errent en liberté des troupeaux de bœufs et de moutons ; tantôt des mornes couronnés de sombres forêts dont les flancs déchirés laissent à nu des rocs bleuâtres, gigantesques assises d'où s'élancent, en cascades bruyantes, les eaux du ciel et le trop plein des cratères supérieurs. En bas, c'est la nature façonnée suivant les besoins et le caprice de l'homme; en haut, c'est la nature élémentaire, libre et spontanée, telle qu'elle est sortie de la main de Dieu. Rien de plus saisissant que cet éternel contraste restreint dans un cadre de trente-six lieues de tour. On dirait un diamant à demi taillé, dont les facettes tirent un nouvel éclat de la gangue qui les enveloppe.

Nous atteignîmes enfin le Robert, où il avait été décidé que nous déjeunerions. Ce bourg, affreusement laid et juché sur un monticule, passe pour être la pépinière des duellistes les plus enragés de toute l'île. Pour la moindre chose, on s'y bat à la carabine, au pistolet, à bout portant, *à rien pas*, suivant la locution en vogue dans la localité. Ma jambe droite porte encore la marque ineffaçable de mon premier séjour dans cette aimable bourgade.

Du Robert, nous passâmes au bourg du François, placé sur notre route, et nous arrivâmes dans la soirée au Vauclin, où l'on nous offrit une gracieuse hospitalité sur l'habitation La R....., l'une des plus riches de la Martinique.

Le lendemain matin, nous arrivions avec notre hôte qui nous avait accompagnés, au bourg du Marin, le plus considérable de l'île après celui de la Trinité. J'y trouvai le bateau qui devait me ramener à Saint-Pierre, et dont le départ était fixé pour le jour suivant. Ce ne fut pas sans un vif serrement de cœur que je me séparai, pour toujours peut-être, de l'excellent Alphonse, auquel je devais la guérison de ma fièvre, et ces jouissances du cœur que l'affection, cette panacée des illusions flétries, peut seule donner.

La fièvre jaune sévissait en ce moment sur toute l'île, mais principalement au sud-ouest. Jamais le terrible fléau n'avait exercé plus de ravages ; on se séparait le soir sans savoir si l'on se reverrait le lendemain. La mort moissonnait comme si elle eût craint d'être interrompue dans son œuvre de destruction. Sur vingt-cinq jeunes ecclésiastiques partis de France à la suite de l'évêque de Saint-Pierre, vingt et un avaient succombé dans l'espace de deux semaines. D'une troupe de dix-huit artistes dramatiques nouvellement arrivés, il n'en restait que quatre ; les autres avaient été frappés dès leur débarquement. Les hôpitaux de Saint-Pierre et de Fort-de-France étaient encombrés d'agonisants, et l'on n'entendait du matin au soir que le glas funèbre des cloches sonnant des funérailles.

Je débarquai dans l'après-midi sur la savanne de Fort-de-France, la métropole de la colonie. Cette charmante cité, qui renferme environ douze mille âmes de population, fut presque entièrement détruite par le tremblement de terre de 1843, et a été reconstruite sur un nouveau plan. Ses rues, bordées de riches constructions, se coupent à angles droits, comme les villes américaines. On débarque devant un square immense, dont le centre forme un gazon entouré d'une double rangée de sabliers, à l'épais feuillage ; à votre droite apparaît le fort Louis, qui commande la rade, et le goulet par lequel les navires arrivent au port. Au sommet d'un morne élevé, en face de vous, se dresse l'antique fort Bourbon, qui protége la ville. Tout cet ensemble forme une des perspectives les plus riantes que l'on puisse rencontrer sous la zone tropicale.

De là je revins à Saint-Pierre, où je m'embarquai

pour la France, saluant une dernière fois les cimes nuageuses de la montagne Pelée.

La Martinique, avec les magnificences de sa végétation, son admirable climat, ses mœurs hospitalières, représenterait le paradis terrestre, si les tremblements de terre et la fièvre jaune ne constituaient une épée de Damoclès suspendue à perpétuité sur la tête de ses habitants. J'ai a peine dit quelques mots des serpents dont elle est infestée; c'est pourtant celui de ses inconvénients qui m'exaspère le plus. Il est interdit, à la Martinique, de se promener, le soleil couché dans son jardin, de prendre le frais sur le gazon d'une savanne, et en plein midi de s'aventurer dans les champs de cannes, de pénétrer dans une maison inoccupée depuis quelque temps. sous peine d'être mordu par un serpent jaune, gris ou noir, et de se voir mourir au bout de quelques heures, gonflé comme un ballon et irisé comme un arc-en-ciel. Les plus heureux en sont quittes pour l'atrophie complète d'un bras ou d'une jambe. Ce serpent, appelé communément Fer-de-lance (*Botrops lanceolus* de Linnée), atteint parfois jusqu'à deux mètres de longueur sur une circonférence de quinze centimètres au milieu du corps. Il est vivipare et produit au-delà de soixante petits, qui n'ont pas, au moment de leur naissance, plus de dix à douze centimètres de longueur. Avec une pareille fécondité, il serait à craindre, à coup sûr, que la Martinique devînt un jour la propriété exclusive des serpents, mais la nature y a mis bon ordre ; à peine délivrée, la femelle, assure-t-on, dévore tous ses enfants rachitiques et ne laisse la vie qu'à ceux qui sont en état de vivre : c'est ainsi qu'à Sparte les pères de famille précipitaient dans les gouffres du Taygète les enfants mal constitués. Quelle touchante similitude ! En somme, le Fer-de-lance ne tue pas, en moyenne, plus d'une soixantaine de personnes par an à la Martinique ; je ne compte pas ceux qu'il se contente d'estropier.

Les gens qui ont peur des tremblements de terre, de la fièvre jaune et des serpents demanderont peut-être comment on peut se décider à vivre dans un aussi affreux pays. Je leur répondrai qu'on y vit fort bien et fort longtemps, c'est-à-dire jusqu'à un siècle et au-delà, lorsqu'on sait faire un bon usage de la vie. Et, s'il faut en venir aux comparaisons, n'avons-nous pas en Europe, le choléra, les révolutions et les serpents à figure humaine, sans compter le paupérisme, qui y détruisent plus d'existences que les fléaux que Dieu a infligés à la Martinique, pour faire la balance des inestimables bienfaits dont il l'a dotée ?

FIN

TABLE DES MATIÈRES

Les bandits au Pérou 8
Les îles aux perles 101
Le charmeur de serpents et le chasseur de panthères. . . . 127
Quinze jours à la Martinique 181

FIN DE LA TABLE.

ABBEVILLE. — IMP. P. BRIEZ.